改訂新版

保育カウンセリングへの招待

冨田久枝・杉原一昭 編著

北大路書房

はしがき

　子育て支援の施策が展開され，保育所および幼稚園といった保育現場でもその一翼を担う時代となり，保育現場におけるカウンセリングアプローチの必要性が叫ばれるようになりました。そのような動きのなかで，子育てに不安を抱える母親は増大し，子育ての孤独感やさまざまな理由から虐待も危惧される「子育ての危機」を迎え，保育現場の保育者が相談者として，その援助にあたることが期待されています。また，発達に問題を抱えた子どもへの専門的な対応や保護者への援助と幅広い技能・技術が求められ，保育者のカウンセリングへの関心が高まり，その技術の習得のための学習活動もさかんに行なわれるようになってきています。

　しかし，相談・援助にあたらなければならない現場の保育者たちが資格や免許を取得した当時には，カウンセリングは養成校のシラバスには組み込まれていませんでした。保育現場で仕事をしながらのカウンセリングの学習は敷居の高いものと感じる保育者も少なくありません。近年，保育者のためのカウンセリングに関する本は多く出版されるようになりましたが，保育者がカウンセリングの基礎を学び，保育現場で総合的にカウンセリングを活用できるようなものは少ないように感じています。

　そこで，筆者は，長年保育現場で保育者としてカウンセリングの知見を実践に取り入れてきた集大成として，保育の特殊性を視座に入れ，学校カウンセリングや一般のカウンセリングの保育版ではないその独自性をいかした「保育カウンセリング」を全体的に総合的に理解できる本を作ろうと考えました。

　本書は大きく分けると4つの枠組みから構成されています。まず，はじめに「保育におけるカウンセリングとは」といった定義やその必要性，そこで必要とされる基本的な技術等について取り上げています。2つ目は発達に関する問題を援助的・治療的なかかわりといった「援助的・治療的カウンセリング」の枠組みで捉え，発達支援と子育て全般の相談に関するカウンセリングの実際と事例を紹介します。加えて，現在の保育現場で顕在化している虐待の防止と

はしがき

発見，家庭の風景の変化（たとえば，離婚など）への相談などもこの枠組みから捉えました。3つ目は「教育的・開発的カウンセリング」という枠組みで，カウンセリングを1つの教育活動（心理教育）として捉える立場です。現在取り組まれているアプローチを紹介するなかで，カウンセリングを保育現場に，保護者育成に，また保育者の資質向上に活用できる技術を紹介しました。4つ目はこの保育カウンセリングを実現させるための環境整備，特に保育現場と諸機関との連携について述べています。

「カウンセリングマインド」という言葉が保育現場に登場して14年になろうとしています。当時は保育者の資質向上を目的としたものでしたが，現在では子どもの発達を支えるためには「カウンセリング」を積極的に保育に取り入れなければ到底対処できない発達障害や虐待といった問題が山積しています。本書は保育現場で実際にカウンセリングを活用している方々に執筆していただきました。保育者をはじめとした保育カウンセリングにかかわるすべての人たちの基本的な学習に役立てていただき，子どもたちのすこやかな成長・発達に貢献できることを切に願うものです。また，本書を出会いとして，保育者や保育カウンセリングにかかわる人々がさらに手を携えられれば，嬉しく思います。

2007年7月
編者を代表して　冨田久枝

改訂新版の発刊によせて

　本書は『保育カウンセリングへの招待』の増補改訂版です。
　本書は少子化および核家族化といった子育てを取り巻く社会環境の変化に対応してエンゼルプラン（1994年）をはじめ，多くの子育てをサポートする動きが生まれ，そのなかでとりわけ保育現場におけるカウンセリングの活用を願い2007（平成19）年に初版が発刊されました。
　初版から早いもので8年目を迎えました。この8年の歩みのなかで保育現場・子育て環境は大きく変化しました。幼稚園教育要領・保育所保育指針の平

はしがき

成20年での改訂・改定においては「幼稚園の『幼児期の教育センター』としての役割」を，保育所においては「保護者への支援」という家庭との緊密な連携のための内容の強調と，それぞれの現場における支援の充実を期待しています。さらに，子ども・子育て支援新制度（2015年）の本格実施と子育て環境の整備・充実に加えて，子育てを支えるさまざまな施策が切れ間なく展開され，幼稚園および保育所においても，これまで以上に子育てを積極的にサポートすることへの社会的期待が大きくなっています。このような社会的要請を背景に保育現場における子育てはもちろん，保育現場における「心の発達支援」のためのカウンセリングアプローチの必要性もあわせて叫ばれるようになり，発達障害児への支援はもちろん，さまざまな特別な支援を必要とする子どもたちへの支援，個々を大切にしながらともに育つためのインクルーシブ保育の推進と充実も喫緊の課題となっています。

以上のような子どもを取り巻く環境の変化に対応すべく，本書においても内容の見直しを行ない，現代的課題に真正面から向き合っていきたいと考え改訂をさせていただきました。

今回の改訂にあたり多くの皆様からのご厚情を頂き，あわせて北大路書房の若森さま，スタッフの皆様のご協力に紙面をかりて感謝申し上げます。

2016年2月

編者を代表して　冨田久枝

もくじ

はしがき　i

第1章　保育カウンセリングとは

1節　現代保育の課題とカウンセリング……………………………………1
　　1　保育カウンセリングの意義　1
　　2　知っておきたい子どもの発達的特徴　3
　　3　保育カウンセリングにおける基本的な心構え　4
　　　　受容と共感／柔軟な対応／子どもとともに歩む
2節　保育カウンセリングの方法と対象……………………………………6
　　1　だれがカウンセリングを行なうのか　7
　　2　だれにカウンセリングを行なうのか　8
　　3　保育カウンセリングの関連領域とは　9
　　　　保育カウンセリングの関連領域／保育カウンセリングに関連が深い
　　　　アプローチ
　　4　保育カウンセリングにおける保育カウンセラー制度　12

第2章　保育カウンセリングに求められる技法

1節　カウンセリングに求められる技法とは ……………………………17
　　1　援助的な態度　18
　　　　無防衛／共感／受容／熱意／間／距離
　　2　援助的態度とカウンセリングの技法　22
2節　非言語的技法 …………………………………………………………23
　　1　表情　23
　　2　視線　24
　　3　語調　25
　　4　ジェスチャー　26
　　5　姿勢　26

　　　　6　対人距離　27
　　　　7　沈黙　28
3節　**言語的技法** ……………………………………………………29
　　　　1　受容と共感の技法　29
　　　　　　受容の技法／共感の技法
　　　　2　くり返しと要約の技法　31
　　　　　　くり返しの技法／要約の技法
　　　　3　明確化と解釈の技法　32
　　　　　　明確化の技法／解釈の技法
　　　　4　支持と保証の技法　33
　　　　　　支持の技法／保証の技法
　　　　5　質問の技法　35
4節　**カウンセリングプロセスと技法** ……………………………36
　　　　1　リレーションづくり　38
　　　　2　問題の把握　39
　　　　3　問題の解決　41

第3章　保育カウンセリングにおけるアセスメント

1節　**アセスメントとは** ……………………………………………47
　　　　1　保育におけるアセスメントの必要性　47
　　　　2　アセスメントの定義　48
　　　　3　アセスメントの目的　48
2節　**アセスメントの対象と方法** …………………………………49
　　　　1　アセスメントの対象とおもな内容　49
　　　　　　子ども／保護者／家族／その他の人的環境（人的資源）／物的環境（物的資源）／援助者（保育者）
　　　　2　アセスメントの方法　59
　　　　　　観察法／面接法／測定法／遊戯（プレイ）
3節　**アセスメントの実際** …………………………………………70
　　　　1　事例：3歳男児Yくん―個の育ちを捉える　71
　　　　　　Yくんを取り巻く環境を記述する／発達を客観的に捉える／対人関係の文脈からの検討

もくじ

  2 事例：5歳男児Kくん─集団の育ちを捉える 72
    Kくんを取り巻く環境を記述する／メンバーそれぞれの発達とメンバー間の関係を捉える／テーマ保育の活用
4節 **アセスメントの留意点** ……………………………………………………75

第4章 援助的・治療的カウンセリング

1節 **発達相談・発達支援の方法と実際** …………………………………………79
  1 発達の捉え方 80
    発達の問題／育児という視点からの問題／発達を捉える視点
  2 発達の理解とその援助 85
    事例：親子関係から考える／事例：子どもをしつけられない両親／事例：母親と離れられない
  3 援助における留意点 89
2節 **子育て相談の方法と実際** ………………………………………………………90
  1 子育て支援における「子育て相談」 90
  2 子育て相談と保育カウンセリング 92
    リレーションづくり／問題の把握／問題の解決
  3 子育て相談の実際 95
    事例：保育者のはたらきかけで相談に持ち込んだケース／事例：保護者から相談を持ちかけられたケース
  4 子育て相談の留意点 104
3節 **その他の支援** ………………………………………………………………108
  1 家庭内で生じるさまざまな状況に対する支援 108
    家庭で起こる可能性のある状況／子どもへの影響／対応の留意点
  2 子どもの虐待の防止と支援 112
    児童虐待の定義／子どもへの影響／保育所・幼稚園の役割
  3 ドメスティック・バイオレンスへの支援 114
    DVの定義／子どもへの影響／相談機関について／保護命令について／対応の留意点
  4 家庭で起こる問題に対応するための基本的考え方 120
    要保護児童対策地域協議会（子どもを守る地域ネットワーク）

第5章　教育的・開発的カウンセリング

1節　構成的グループエンカウンターの活用……………………………127
 1　構成的グループエンカウンターとは　127
  SGEの定義／SGEの種類／SGEの進め方
 2　保育にいかすSGE　131
  保育現場でのSGE／進め方／園児への説明／留意点／幼児を対象としたSGEの事例
 3　保護者を育てる　139
  保護者に対するSGEの必要性／SGEの体験場面／保護者を対象としたSGEの事例／SGEを行なってからの変化
 4　保育者を育てる　144
  保育者に対するSGEの必要性／SGEの体験場面／保育者を対象としたSGEの事例／SGEを行なってからの変化

2節　保育カンファレンスの実施……………………………………………149
 1　カウンセリングマインド　149
 2　ビデオ自己評価法の活用　149
  ビデオ自己評価法とは／方法／ビデオ自己評価法から得られること
 3　ビデオ保育カンファレンスの活用　156
  保育カンファレンスからビデオ保育カンファレンスへ／ビデオ保育カンファレンスの実際／ビデオ保育カンファレンスの効果

3節　サイコエジュケーションの展開………………………………………162
 1　保育者研修　162
  A保育園での取り組み―「ビデオ保育カンファレンス」を取り入れて／B保育園での取り組み―「インリアル・アプローチ」を取り入れて
 2　保護者研修　170
  C保育園での取り組み―「講演会」を取り入れて
 3　子育てアドバイザー（ピアカウンセリング）の育成　176
  ピアカウンセリングの普及／ピアカウンセラー育成の視点

第6章　保育カウンセリングにおける連携

1節　子育て支援に求められる「つながり」とは……………………………183
 1　子育ての支え方の変遷　183

2　「つながり」で支える子育て　184
　　　3　家庭のニーズに即した「つながり」　185
2節　**身近な地域との連携**……………………………………………187
　　　1　民生委員・児童委員，主任児童委員　187
　　　2　子育て支援拠点事業（子育て支援センター等）　188
　　　3　児童家庭支援センター　189
　　　4　児童発達支援センター　190
3節　**保健福祉センター・医療機関との連携**……………………191
　　　1　保健福祉センター（保健所）とのかかわり　191
　　　2　医療機関とのかかわり　194
4節　**児童相談所との連携**……………………………………………195
　　　1　児童相談所の仕組み　195
　　　2　児童相談所や家庭児童相談室等とのかかわり　197
　　　　保育所・幼稚園・認定こども園との接点／家族との接点／児童相談所の対応
　　　3　連携の留意点　200
5節　**小学校との連携**　………………………………………………201
　　　1　障害のある子どもへの連携　201
　　　2　虐待を受けた子どもへの連携　204
　　　3　連携の留意点　206
6節　**よりよい連携のために**………………………………………207
　　　1　連携のための体制づくり　207
　　　　保育所・幼稚園・認定こども園のなかの連携／保育所・幼稚園・認定こども園と地域との連携
　　　2　連携のための記録　208
　　　3　連携のためのカンファレンス　208
　　　4　連携の留意点　209

文　献　211
さくいん　215

保育カウンセリングとは

現代保育の課題とカウンセリング

1　保育カウンセリングの意義

　保育カウンセリングとは何か，まだ確定的な定義はありません。ここでは「乳幼児の発達上の問題解決と発達促進に関わる援助的はたらきかけである」と定義することとします。

　人間の一生のなかでも，乳幼児期は大きく発達する波瀾万丈に満ちた時期です。さまざまな問題が起こり，それが将来深刻になっていくか，あるいは解決して適応的な人生を送れるようになるかの，1つのかなめの時期が乳幼児期といえるでしょう。

　その発達のときどきに子どもがどういう状態にあるのかを知り，さまざまな問題が起こったときに適切に対応することが重要となります。また，子どもをさらに伸ばす，つまり発達を促進させるためにはどういうはたらきかけが必要とされるかも考えなければなりません。

　今，子どもの発達や教育の問題がさまざまな形で現われています。社会的な事件になるのはほんの一端ですが，ある意味では今の子どもの状況を象徴的に表わしているように思います。大きな事件に至る以前の状況をさかのぼってみていくと，乳幼児期までの育ちのあり方に共通的な，または個別的な問題があるのがほとんどということがわかります。

乳幼児期は長時間，家族のなかで生活することが一般的です。そのため，保育カウンセリングでは，保護者（おもに父母）が，子どもとどう関わったらいいかについてアドバイスすることも重要となります。それは専門家や保育者（園の先生たち）が家族に対して行なうものです。アドバイスをする際，家族関係の調整が必要なこともあります。父母も祖父母もきょうだいもいい人であっても，それが家族を構成するとぎくしゃくしてうまくいかない場合もあるのです。
　たとえば，家族関係のあり方，子どもに対する考え方が家族の間で違うことがあります。同じ家のなかに，「もっときちんとしつけをすべきだ」という大人もいるし，「いや，まだ小さいのだから放っておいてもいい」という大人もいる場合，子どもはどうふるまったらいいのかとまどい，それが子どもを混乱させ，問題を起こすことがあります。
　乳幼児期が終わり学童期に入っても，今日（こんにち）の子どもたちは学級崩壊や悪質ないじめなどさまざまな問題を抱えていることがあります。学級崩壊の場合，学校へ行き，教室に入って，椅子に座って先生の話を聞く，という学校教育の最も基本的な姿勢が身についていないのです。まず，教室に入らない，入れないということがあり，やっと教室に入っても，椅子に座っていられず，注意されればほんの少しは座るものの，2，3分もたたないうちに動きだしてしまいます。このように，学校教育の最も基本的な前提条件が崩れてしまっている子どもが非常に多く出てきているという問題があります。そのような子どもたちが将来的に不登校に陥るケースも少なくないようです。たいていそういう子どもは，保育所や幼稚園のときからその前兆傾向があることが多く，「学級崩壊予備軍」とでも呼ぶべきものでしょう。
　筆者がある幼稚園に行ったときのことです。卒園式の練習をしていた年長の卒園生が前で歌を歌っていて，それを2年保育・3年保育の子どもたちが座って聴いているという場面がありました。そのとき，うしろのほうで勝手に遊んでいる子どもが20人ぐらい（全園児の15％ぐらい）いたのです。その子どもたちが小学校へ入学したら，「座っていられない子ども」になってしまうのでしょうか。それはおそらく幼稚園だけの問題ではなく，入園前の家庭での基本的な生活習慣の自律ができていなかったことが要因であると思われます。
　現代社会では乳幼児期の家庭生活での育ちは，その後の成長発達に大きな影

響を及ぼすことが危惧されており，保育現場における「カウンセリング」は欠かせない支援となるでしょう。

2　知っておきたい子どもの発達的特徴

　乳幼児期は発達の急伸期にあたるという点で，他の時期とは大きく異なる特徴があります。したがって，カウンセリングなどの介入によって乳幼児は大きく変わる可能性があるともいえます。思春期が疾風怒濤の時期といわれるように，乳幼児期も心が荒れ狂う時期といっても過言ではありません。

　この時期は，あるきっかけや対処の仕方によって子どもの状態は大きく変わり得るものです。そのため，たとえば，この子は泣き虫だとか，この子は神経質だとか，この子はしゃべらないなどと，決めつけてはいけません。「現在，この子はそういう状態である」と捉えるべきです。もちろん，持って生まれた特徴はありますが，「この子はこういう子どもなんだ」と決めつけず，「今，この子がそういう状況にあるのは，どうしてなのだろうか」と考えることです。

　たとえば，幼稚園に来て，ひとこともしゃべらない子どもに対して，「しゃべらない子」と決めつけるのではなく，なぜしゃべらないのかを考える必要があります。泥んこ遊びをしたがらない子に対して，指がちょっと汚れただけで，なぜこんなに頻繁に手を洗わなければならないのだろうか，と考えることが必要です。接し方が変わると，そういうことがうそのように変わってくることが幼児の場合にはよく起こります。

　小学生や中学生になっていろいろな問題を起こす子どもは，乳幼児期から何らかの問題を抱えていることが多く見受けられます。また，その育ちのあり方がその子の将来，あるいはその子が親になったときの子育ての仕方に大きく影響します。これは，育児の継続性とか，世代間伝承（伝達）とよばれ，それが典型的に現われている「虐待」では，虐待が再生産されるということが問題になっています。虐待されて育った子どもは，大人になると，親に苦しめられて育ったにもかかわらず，自分も同じようにわが子を虐待してしまうというものです。今から20〜30年前にアメリカで社会問題となりましたが，今やわが国でも同様のことが起きているといえるでしょう。「育てられたように育てる」というのは子育てに多くみられることのようです。

第1章 ● 保育カウンセリングとは

　上述のように，乳幼児期は環境に強く影響されますので，子どもの問題を解決するには，まずその子ども自身のまわりの物理的・心理的な環境を変えることも必要です。そして子どもの環境を整えるために家族（特に母親や父親）の協力が必要です。こうした環境が整えば子どもも変化します。さらに家庭だけでなく，地域や国での物心両面の環境整備を求めることも保育カウンセリングでは重要な課題となるでしょう。

3　保育カウンセリングにおける基本的な心構え

(1)　受容と共感

　乳幼児へのカウンセリングの中心は，乳幼児自身に対するプレイセラピー（遊戯療法）です。プレイセラピーを受けに来た子どものほとんどは，「また遊びに来たい」と言います。なぜ来たがるのでしょうか。単に遊んでいるだけなら，それは公園で遊ぶだけでもいいはずです。日常の「あそび」とプレイセラピーの「プレイ」の何が違うのかというと，プレイセラピーの場面には受容と共感の精神（カウンセリングマインド）が満ちあふれているからです。受容とは，相手（子ども）を完全に受け入れることです。しかし，「子どもを受け入れる」と言葉で言うのは簡単ですが，子ども自身が，「ここで受け入れられている」と感じるような状況をつくるのはかなりむずかしいことです。

　たとえば，元気に遊んでいる子どもに，「よく遊べたわね。きょうは元気だったわね」などと言ったほうがいい場合もあるし，そう言ってはいけない場合もあるのです。「目線を子どもと同じにする」とよく言いますが，「よく遊べたわね。きょうは元気だったわね」という言葉は，カウンセラー（またはセラピスト）が一段上から子どもを見ていることになります。それはたとえば，「あなた，きょうはお利口だったわよ（でも，この前はだめでした）」というような，裏に意図のある言い方は，子どもと同じ目線に立っていないことを意味することがあるからです。これでは受容していることになりません。

　共感についても同じことがいえます。同じ目線に立たないと子どもと共感はできません。一段上に立って，「あなたは今楽しいのね」とか「あなたは今悲しいのね」と言うことは共感にならないのです。単に解釈しているだけだからです。そうではなくて，子どもと同じ立場に立って，子どもの楽しさが自分の

楽しさになるかどうかが重要となります。子どもと遊んでいるとき、そのあそび自体を子どもと共感できているかどうかということです。

(2) 柔軟な対応

前述したように、子どもに対して「この子はこういう子どもだ」と決めつけず、柔軟な、やわらかい対応をすることが重要です。この「やわらかい」というのは、優しいという意味ではなく、子どもの状況に応じた対応をするという意味です。

適性処遇交互作用（ATI: Aptitude Treatment Interaction）という言葉があります。どういう「Treatment（やり方、取り扱い方）」がいいかは、その子どもの持っている「Aptitude（適性）」によって異なります。つまり、この両者には「Interaction（相互作用）」があるということです。先生、医者、カウンセラー、親、その他、人を相手にする場合、その対応の仕方は相手の状態によって、つまりその人のAptitudeによって異なります。Aptitudeは「適性」と訳していますが、非常に広い意味があり、それは、生得的なものを含む、個人の知識、能力、性格特徴、行動特性など個人差のすべてをさします。

親はよく、きょうだいの上の子にやったやり方を次の子にそのまま行なって、よくない結果を招くことがあります。たとえば、長男は話をすればきちんと聞いてくれたのに、次男に同じことをしても全然聞いてくれないというように、同じやり方（Treatment）をしても、子どもによって結果は違ってくることがよくあるのです。

個に応じた対応と、その子どもの変化に応じた対応をすることが大切です。これは問題によって違いますが、たとえば、遊べなかった子どもが一人で遊べるようになったら、次は友だちと遊べるように、そしてある特定の友だちと遊べるようになったら、今度はその輪をだんだん広げていくというように、その子どもの変化に応じることが、柔軟な対応の基本です。

したがって、援助者は子どもの状態をよくみる目を持たなければなりません。これが、アセスメントです。生育歴、胎児期からの子どもの発育状況、家庭生活のようす、性格的特徴、さらに発達検査や知能検査、養育態度検査等の心理検査にも精通しておくことが子どものアセスメントにおいては大切です。

(3) 子どもとともに歩む

「子どもとともに歩む」ことも重要です。「共同注意（ジョイント・アテンション）」についての研究が進み，その重要性が明らかになってきました。たとえば，親子で遊んでいるのを観察すると，子どもがおもちゃで遊んでいるのに，母親は，その子どもやおもちゃとは違う方向を向いていることがあります。これは共同注意をしていないことを意味します。親子関係がうまくいっていないケースではしばしばそういう状況があるようです。

いっしょに遊んでいる場面をビデオで10分間撮影して，そのなかで親子が何分間同じものを見ているかを調べた共同注意に関する研究があります。これは自閉症の子どもの研究から発展してきたもので，自閉症の子どもの場合では，お母さんと子どもの見ている物が一致していないことが多いようです。自閉症児に限らず，通常の母と子でも個人差があり，共同注意がうまくいっていないことはあります。たとえば，子どもがおもちゃの自動車で遊んでいるとき，母親が別のおもちゃに子どもの注意を向けさせようとすることがあります。これは共同注意がうまくいっていない例でしょう。子どもが注意を払っているものに母親が注意を合わせる（向ける）ことが大切です。共同注意はまた，カウンセラーと子ども，保育者と子どもの間にも必要とされます。これが受容と共感にもつながるのです。

2節 保育カウンセリングの方法と対象

保育カウンセリングに関連するアプローチとして，心理療法，カウンセリング，ソーシャル・ケースワークといった方法があります。さらに，援助する人を支援する方法としては事例研究（ケースワーク），コンサルテーション，スーパービジョンといった方法があります。このように保育カウンセリングではその対象が子どもだけではなく，それを支援する人もその対象とされる場合があり，いろいろなアプローチが関連します。そのため，アプローチや方法論も「保育カウンセリング」「発達臨床コンサルテーション」「保育臨床相談」

「保育ソーシャルワーク」といったようにさまざまな視点から紹介されています。しかし，筆者が実際，保育現場で巡回指導を行なっていると，いろいろな立場からの方法論にふり回され「カウンセリングはむずかしくてわからない」と拒否反応を示したり，「何をどうしたらよいのかわからない」と混乱したり，本来の保育現場の持っている資源をいかせずに専門家に頼ることしか考えない保育者など，「拒否，混乱，依存」といった現場のカウンセリングに対する揺らぎを感じます。そうした揺らぎの1つの原因は，保育カウンセリングという概念が確立されていないことに起因すると思われます。そこで「保育カウンセリング」という包括的な概念を使いながらも，実際の保育現場で使えるという視点でカウンセリング的アプローチを整理して，保育カウンセリングの全貌を紹介します。まずはじめに，保育者が実際の現場でカウンセリングの知見をいかしやすいように，方法論として紹介されている概念や用語について説明することで，保育カウンセリングの捉え方を理解していただきたいと思います。さらに，現場の保育者がどのような場所に立ち，どのような目的でカウンセリングに関わるのかといった，それぞれの人たちの位置づけを理解していただきたいと思います。

1 だれがカウンセリングを行なうのか

● **カウンセラー，セラピスト**

カウンセラーとはカウンセリングを行なう援助者で，このカウンセリングとは一般的に健常な人の援助を目的として行なわれると捉えられています（日本教育カウンセラー協会，2001）。一方，セラピストとは心理療法を行なう援助者で，心理面に病理を抱えている人の援助を目的としているという点でカウンセラーと識別されています。現在カウンセリングに関連するさまざまな資格があり，たとえば児童相談所や保健センターなどでは臨床心理士や保健師，看護師，小児精神科の医師の他，臨床発達心理士，学校心理士，教育カウンセラー，認定カウンセラー，学校カウンセラーといったカウンセラー資格を持ったカウンセラーが関与しています。保育現場でも同じようなことがいえますが，保育に精通したカウンセラーは現在のところ少ないのが現状です。今後は保育カウンセラーという保育現場に精通したカウンセリングの専門家の資格が誕生する

ことが望まれます。

● **保育カウンセラー**

　保育カウンセラーという資格は，現在のところ小規模の団体やカウンセリング関連の協会等では認められている場合もありますが，学術団体等で正式な形で市民権を得ているものは今のところありません。本書では，保育現場に経験があるかまたは保育現場に精通していて，カウンセリングの基礎理論や基本技法を学び，現場にあって直接的にカウンセリング活動を行なう立場の，カウンセリング資格を持った人材を保育カウンセラーと定義します。カウンセリングは個別援助が原則ではありますが，保育という営みは同年代の子どもたちの集団への対応も求められるという特殊性を持っています。そのような視点から，保育カウンセリングにおける保育カウンセラーは保育の専門性を有し，さらにカウンセリングのプロであるという前提が成立すると考えられます。加えて，保育カウンセラーは保育者としての経験を有する者が保育者を支援するということも考えられますので，同業種間の支援・援助，スーパーバイザーとしての役割も担うものと考えられます。

● **保育者**

　保育カウンセリングのおもな対象は子どもや保護者で，保育者はカウンセラーではありませんが，保育全般において専門家として保護者を指導・援助しています。これは保育に関する専門的な指導・援助というスーパービジョンを行なっていると捉えることもでき，スーパーバイザーという捉え方も可能です。

● **保護者他**

　保護者は保育カウンセリングではクライエントに関わる最も重要な人的資源です（クライエントの場合もあります）。しかし，ときには保護者が仲間の保護者にアドバイスをしたり支援したりといった関係も保育現場ではあり得ることです。そのような立場から保護者を捉えるとピアカウンセラー，ピアスーパーバイザーという呼び方で捉えることもできるでしょう。

2　だれにカウンセリングを行なうのか

● **子ども**

　保育カウンセリングの主たる対象は子どもです。保育カウンセリングは子ど

もの成長・発達に関する問題を保育の営みのなかで，援助という方法で解決の方向に導くという目的で行なわれるものです。

● **保護者**

　保護者は保育カウンセリングの対象者である子どもの最も身近な人的資源です。子どもの発達に関わる問題が実は保護者の問題であったということが事実あります。保護者への援助と子どもの問題解決は切り離せません。保護者に特別な問題がなくても，子どもに問題が現われると保護者も連動するように不安傾向に陥ることもあるからです。そのため，保育カウンセリングでは子どもだけではなく，保護者もその主たる対象として捉えます。

● **保育者**

　保育者は保育現場における子どもの最も身近な支援者であり，カウンセラーではありませんが，子どもの発達や問題の解決を支援する役割を担っています。そのため，保育者自身がとまどったり，落ち込んだりといった場合の支援も保育カウンセリングでは必要となります。保育者や保護者がコンサルテーション（p.10参照）として，子どもへの何らかの援助方法に関して指導を受けたりする場合もあるため，コンサルティ（異業種の専門家から指導を受ける人）という立場となることもあるでしょう。また，一方で保育の専門家でもあり，カウンセリングにも精通している保育カウンセラーからアドバイスを受けたりする場合，保育者はスーパーバイジー（指導を受ける人）という立場にもなり得ます。

3　保育カウンセリングの関連領域とは

　日本教育カウンセラー協会（2001）では，人の援助に関わる概念を説明しています。以下で保育カウンセリングと関連させて簡単に紹介しましょう。

（1）　保育カウンセリングの関連領域

● **カウンセリング**

　カウンセリングとは「言語的および非言語的コミュニケーションをとおして行動の変容を試みる人間関係」と定義されています。そしてカウンセリングの主たる目的は行動の変容ということになります。行動が変わるということは反応の仕方が変化するということです。たとえば，なかなか自分の感情が抑えら

れずすぐに泣いてしまう子どもが，泣くのをがまんして自己主張できるようになったケースをみてみましょう。これは単に，泣くという行動が減るだけではなく，感情の表わし方も，思うようにならないときは自分から主張するほうがよいといった考え方へと変化しているのです。つまり，カウンセリングは人の行動・思考・感情のいずれか，もしくはすべてを変容・修正する援助方法といえます。また，一般的にカウンセリングは心理的に病んでいる人をその対象とすることよりも，健常な人の問題解決を援助することに主眼が置かれています。

● ピアヘルピング

　ピアヘルピングとは仲間どうしの助け合いのことです。保育現場でいえば保護者どうしが育児について援助しあったり，保育者どうしで保育についていっしょに悩んだり援助したりと，言い方を換えればカウンセリングの日常生活版でありカウンセリングの大衆化運動ともいわれています（日本教育カウンセラー協会，2001）。しかし，いくら日常生活に根ざしているからといって自己流ではカウンセリングに関連する活動とはいえません。そこでピアヘルピングにおいては，カウンセリングの基本的な理論や方法論は学んでその援助活動にあたることが原則となっています。

● 心理療法

　心理療法とは，心理面に何らかの問題や病理を抱えている人を対象に行なう援助方法です。カウンセリングと同じように，人を援助するために多くの心理学的な知見や理論を活用してその援助にあたる点は同じですが，パーソナリティの変容にその目的が置かれている点が違います。そのために，夢分析，箱庭療法といった心を投影することができる方法でアプローチすることもあります。

● コンサルテーション

　コンサルテーションとは「専門家（コンサルタント）が他の専門家（コンサルティ）の機能を改善しようとするとき，その専門家どうしの関係」を意味するという見解が一般的です（東京発達相談研究会・浜谷，2002）。コンサルテーションという言葉は企業ではなじみがありますが，教育の現場で使われはじめたのは日が浅く，あまりなじみがありません。このコンサルテーションを保育カウンセリングから捉えれば，心理の専門家（コンサルタント）が，保育

の専門家（コンサルティ）にその機能改善のために関係を持つというように捉えることができるでしょう。そしてカウンセリングではカウンセラーとクライエントという二者関係が前提ですが，コンサルテーションでは専門家，保育者，子どもという三者関係を前提としている点でカウンセリングとは識別されています。

● スーパービジョン

スーパービジョンとは経験の少ない専門家が，同業種の知識・経験が豊富な専門家から指導・援助を受けることです。保育でいえば，先輩保育者が新人保育者に援助方法やそのこつを研修会のような場面を設定して指導するということになります。カウンセリングや心理療法では，カウンセラーやセラピストとしての専門性を磨くためにこのスーパービジョンは欠かせない学習方法です。その目的は，①クライエントの問題を明確に意識する，②問題解決の方向性を探る，③ケースを捉える枠組みやアプローチの再検討をする，④自己理解（自己のクライエントに対する感情の転移や逆転移などを知る）をする，などをとおして専門性を高めることがよりよい援助には欠かせないからです。

（2）保育カウンセリングに関連が深いアプローチ

● 保育ソーシャルカウンセリング

社会福祉援助者が生活問題を中心に個別援助を行なうソーシャル・ケースワークと，臨床心理関係者が個別の心理的な問題を中心に援助するカウンセリングの双方の知見を保育にもいかそうとする試みで，保育ソーシャルカウンセリングという考え方が提唱されています（横井ら，2004）。そして，「子どもの命と限りない成長・発達への潜在的可能性に共感し，導き，支える援助活動を根幹に捉え，子どもの生活を守り，保護者，家族に対するさまざまな心理・社会福祉的諸活動を行なう」ことが目的とされています。また，この保育ソーシャルカウンセリングは「その生活を保障し，広く地域を巻き込む総合的な変革を図る援助活動である」とその活動が定義されています。この定義からも，保育ソーシャルカウンセリングは保育という営みを広義に捉えた子どもの健全育成という福祉的な視点からのアプローチであり，保育現場におけるカウンセリングも含む包括的な概念であると思われます。

●**発達臨床コンサルテーション**

　浜谷（東京発達相談研究会・浜谷，2002）が提唱する保育現場における支援・相談方法を発達臨床コンサルテーションといいます。保育を支援する相談者の立場をカウンセリングにおけるカウンセラーと区別するために，「コンサルテーション」という言葉でその相談活動の独自性を示そうとしています。カウンセリングではカウンセラーの専門性を重視しますが，ここでは相談者の専門性を重視はしていません。つまりこれは二者関係です。しかし保育の支援の場合，相談者（対象者である保育者）は保育の専門家であり，その援助を受けている子どもや保護者もその対象になるため（つまり三者関係となり），カウンセリングとは区別されることが望ましいという立場をとっています。

　コンサルテーションとは異業種間において，専門知識を駆使しながらその視点からの指摘や指導を行なうことですが，保育現場において実際の子どもへの援助は保育者（相談の対象者）が行なうという点でコンサルテーター（異業種の専門家）とコンサルティ（保育者）は対等で自由な協同的な関係と捉えるものです。つまり，保育者が異業種の専門家からアドバイスや指導をもらい，その支援を活用して保育にいかすという立場が発達臨床コンサルテーションということになります。本書で扱う保育カウンセリングはこのような専門家によるコンサルテーションも保育カウンセリングの一部として取り上げます。

4　保育カウンセリングにおける保育カウンセラー制度

　「保育カウンセラー」については，2004年に文部科学省における中央教育審議会初等中等教育分科会において検討が行なわれ，その機能と役割を資料（図1-1）としてまとめ公表されたことにより，社会的に「保育カウンセラー」という役割に光があてられました。この中教審で示された保育カウンセラーは主に幼稚園や保育所で展開されるカウンセリングを想定してスクールカウンセリングとの対比からその役割を説明しています。したがって，本書で扱われる「保育カウンセリング」と「保育カウンセラー」の位置づけや役割についてはこの中教審の示している内容に準じています。

　まず，この図を用いながら保育カウンセリングの特殊性について考えましょう。保育カウンセリングとスクールカウンセリングの決定的に違う点は職務内

2節 保育カウンセリングの方法と対象

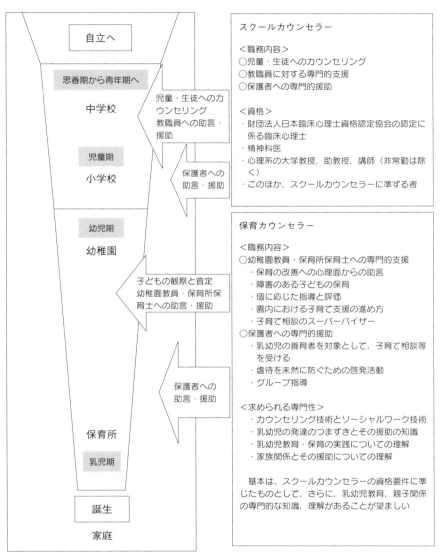

図1-1 保育カウンセラーの専門性（文部科学省，2004）

容です。スクールカウンセラーの職務内容の中核は「児童・生徒へのカウンセリング」であり，保育カウンセラーの職務内容は「乳幼児へのカウンセリング」が含まれていません。それは，乳幼児の発達を想像すれば，面接室で乳幼児が悩みを相談することはありえないからです。つまり，従来のカウンセリングの技法では対処できない特別な発達課題のなかにある子どもたちと子どもたちの最も身近な大人，保護者や保育者にも向けて行なわれるカウンセリングであるという特殊性があると言えるでしょう。

　それでは「保育カウンセラー」という資格はどうでしょう。本書が初版として出版されたころは「保育カウンセラー」は保育現場においてカウンセリングの技法を用いて子どもたちの発達や保護者・保育者への支援を行なう「役割名」として存在していて，国家資格でも名称独占資格でもありませんでした。しかし，改訂までの8年間の間に，「保育カウンセラー」を保育関連団体が商標登録を行ない，名称独占資格としてその養成を行なっています。一方で，従来から「役割名」として東京都の日野市や千葉県の浦安市等，先駆的に保育カウンセリングを推進している行政では「保育カウンセラー」という役割名は依然使用されています。また，大阪府では幼稚園におけるカウンセリングを行なうカウンセラーを「キンダーカウンセラー」と役割名を与え，臨床心理士や臨床発達心理士といった有資格者を配置してその支援に当たっています。

　以上のように「保育カウンセラー」という名称は「役割名」として，一方で「資格名」として二重の意味を持つ役割名としてあるという現実を理解してその役割や職務内容を検討することが求められるでしょう。

　保育カウンセラーへの期待は年々高まり，その担う役割は広範囲，多岐にわたっているのが現状でしょう。この保育カウンセラーという役割を「誰が担うのか」「どのように役割を分担してくのか」「保育カウンセラーの専門性をどのように保証していくのか」といった資格に関する議論も加えて，まだまだ考えていかなければならない問題が山積している領域なのかもしれません。

　しかし，日々の保育にとまどい，子どもたちと必死に向き合って保育にあたっている保育者，そして保育者の援助に支えられながら子育てを頑張っている保護者が現実にいるのです。保育カウンセラー制度が確立するのをじっと待っているわけにはいきません。資格や免許はその専門性を担うことへの責任

からとても重要ですが，まずは目の前にいる子どもと保護者を，そしてそれにかかわる保育者を支えるために，カウンセリングの知見を大いに活用し，保育カウンセリングという概念を社会に広め，保育にカウンセリングをいかせるより良い人材が育つことを切に望むものです。

第2章
保育カウンセリングに求められる技法

　本章では，保育カウンセラーを含め，保育現場において援助者としてカウンセリング的アプローチを行なっていくうえで求められるカウンセリング技術について述べていくことにします。

1節
カウンセリングに求められる技法とは

　保育カウンセリングは，保育者としてカウンセリングマインドとその心がまえを持ったカウンセリングだけではなく，より専門性を備えたカウンセリングへと動きつつあります。そのため，保育現場の実情に即したカウンセリングをするために専門家と連携をし，専門知識を持ったカウンセリングができる保育者が育っていくことが，今とても望まれています。

　カウンセリングには，基礎理論によって精神分析，来談者中心療法，行動療法などの流れがありますが，ここでは保育現場における保護者，子ども，保育者仲間に援助していく際に必要なカウンセリングの基礎的技法を中心に取り上げます。基礎理論に関しては，多くの文献が出版されていますので，関心がある方はそれらを読んでみてください。

　諏訪（1995）は，「カウンセリングの技法を学ぶことで，癖の限界から自由になり，望ましい態度を実現するための手段として，意図的に使用することが可能となる」と述べています。自分自身の癖というのは，自分ではなかなか気

第2章 ● 保育カウンセリングに求められる技法

づかないものです。おしゃべりや人と接することが大好きだという人はたくさんいると思いますが，カウンセリング技法の立場ではこのおしゃべりから，自分の癖をふり返ってみましょう。初対面であっても何時間も話題がつきることなく話せるという人でも，一方的に話をしてしまうと，相手は話を聞かされるばかりで不満を持っているかもしれません。カウンセリングの技法では，楽しく話すことより「聞き上手」になることが大切です。もちろん，聞き上手というのは，黙って人の話を聞いていればいいというのではありません。カウンセリングの技法を用いるためには，まず，その前段階として，相手が話しやすくなるような援助的な態度で接していく必要があります。

1　援助的な態度

医療，看護，福祉，カウンセリングだけでなく保育でも援助的な態度が求められます。諏訪（1995）は，援助者に望まれる態度として，無防衛，共感，受容，熱意，間，距離の6つを挙げています。次節で取り上げる非言語的技法に類似したものも含まれますが，援助的な態度はカウンセリングの技法を使うために必要なものです。國分（1983）は，カウンセリングの基本姿勢（態度）を表現するものが，カウンセリングの技法であると述べています。カウンセリングの技法を使う前の「心のありよう」として理解しましょう。

（1）　無防衛

無防衛とは，構えや飾り気を捨てたリラックスした態度です。たとえば，口うるさく文句を言ってくる保護者に対しては，「先生，ちょっとお話があります」と言われると，また何か文句を言われるのではないかと構えてしまうのではないでしょうか。また，入園式や保護者会で挨拶をするときなどは，いい先生，素敵な先生だと思われたくて，いつもより気どった話し方をしてしまうことがあるかもしれません。しかし，1対1で話をするときに構えや飾り気のある態度では，相手も緊張が解けず，その後の話もスムーズにできなくなってしまいます。相手にリラックスしてもらうためには，まず自分からリラックスし，心の通じ合う関係をつくるように心がけることが大切です。

具体的には，次節で述べる非言語的技法の表情，視線，語調，ジェスチャー，

姿勢において，この無防備な態度を実現することが必要です。

（2） 共感

共感とは，被援助者の悲しい，苦しい，楽しいなどの感情に寄り添う態度です。子どもが一人あそびをしているのを見て，「友だちのいないかわいそうな子」と決めつけるのではなく，その子の感情を正確に把握し，援助の必要性があるのかどうかを見きわめることが必要です。ひとりで遊びたいと思っているのか，それとも，仲間と遊びたいのだけれども，引っ込み思案で声をかけることができないのか，そのときの子どもの感情を把握するためには，ふだんからよく子どもを観察して理解しておくことも大事です。

（3） 受容

受容とは，自分の価値観をわきに置いて，相手をあるがままに受け入れることです。保護者のなかには，過保護で子どもを甘やかし，何でも買い与える人がいるかもしれません。そんな保護者に対して，あなたの価値観では，まちがった子育てをしている親だと思うかもしれません。しかし，カウンセリングにおいては，相手に対しての「良い・悪い」という評価は，援助の妨げになります。「あなたの子育ては悪い」と思っていたら，相手に対する態度に表われることでしょう。そうすると，相手は受け入れてもらっていないと感じたり，押しつけがましいと感じ，心を開くことはできなくなってしまいます。最初から専門的な枠組みに合う，合わないで判断するのではなく，よく相手の考え方を聞いてみましょう。子どもへの接し方がわからなくて，物を買い与えることが愛情だと思い込んでいるのかもしれません。まずは相手をあるがままに受け入れることから保育カウンセリングは始まるのです。

（4） 熱意

熱意とは，相手の話に興味・関心を持ち，熱心に集中して耳を傾ける態度です。カウンセリングでは，うなずき，相づち，適切な質問などの反応を示しながら話を聞くことを「積極的傾聴」といいます。その反対に無反応で話を聞くことを「消極的傾聴」といいます。保育現場では次から次にたくさんの仕事が

あり，手が離せないような作業をしているときに，子どもや保護者から話しかけられることもあると思います。そのような場合に，作業を続けながら話を聞くことは，相手にとって熱意のない態度だと受け取られてしまう可能性があります。至急しなければいけない作業の場合は，すぐ戻ることを相手に伝えて待ってもらうか，いったん作業の手を休め，相手の話に集中するようにしましょう。相手の話が長くなるようであれば，「ゆっくりお話をお聞きしたいので，○時なら時間をとれますよ」と相手に伝えるようにします。

　熱意の態度を実現する視線，ジェスチャー，姿勢については，次節の非言語的技法で説明します。

（5）間

　間とは，相手のペースに合わせた余裕のある落ち着いた態度です。心が混乱状態にある相手に対して，早口やせわしない態度で接すると，ますますパニック状態を助長してしまいます。子育ての悩みや家庭の問題を抱え，心が穏やかでない状態の場合は，理解力や集中力が落ちていることがあります。できるだけ，ゆっくりと嚙みくだいて話をしていくよう心がけましょう。特に，保育現場ではあわただしく走り回らなければ仕事が終わらない状況であっても，援助の相手に対しては余裕のある態度で接することができるように日頃から訓練しておくとよいでしょう。

　次の，【演習】のタイプA行動特性チェックで自分の行動をふり返ってみましょう。タイプA行動特性とは，フリードマンとローゼンマン（Friedman & Rosenman, 1974）という2人の心臓病学者が，人の行動特性をタイプAとタイプBに分け，このタイプAを非常に競争的で達成志向が強く，いつも時間に追われて少ない時間で多くのことを達成しようとし，ストレスを受けやすい行動特性であると述べています。このようなタイプA行動は訓練によって減少させることができることが研究で明らかになっており，タイプA行動特性を持っている人は，できるだけゆったりと行動するように心がけることが望まれます。

　間の態度を実行する技法については，次節の沈黙の技法，3節の質問の技法のなかで詳しく述べます。

【演習】

次の，タイプA行動特性チェックリストを使って，自分の行動に当てはまるものに○をつけてみましょう。

① 同時に2つのことを考えたり，したりする。
② より少ない時間に多くの行動をしようと計算する。
③ まわりの環境や美しいものに気づかなかったり，関心がなかったりする。
④ 他人の話をせかす。
⑤ 列に並んで待たなければならなかったり，とてもゆっくり走っている車のうしろを運転しているとき，過度にいらいらする。
⑥ うまくやりたいのなら，自分ひとりでしなければならないと思っている。
⑦ 話すとき，身ぶりをさかんにする。
⑧ しばしば貧乏ゆすりをしたり，指でトントンと音を立てたりする。
⑨ 意見の衝突を起こしやすい話し方や不快な言葉をよく使う。
⑩ 時間通りであることにひたすらこだわっている。
⑪ ただ座って何もしない，ということができない。
⑫ たとえ，子どもとゲームをするときでさえ，ほほどんなゲームでも勝つためにする。
⑬ 自分自身や他人の成功を，数字によって評価する。
⑭ 話をするとき，舌打ちをしたり，首を振ってうなずいたり，拳を握りしめたり，テーブルをドンドンとたたいたり，息が荒くなったりする。
⑮ 自分のほうがうまいし早くできると思うことを他人がしているのを見ると，いらいらしてくる。
⑯ まばたきを早くしたり，チックのように眉毛をぴくぴく動かしたりする。

いくつ○がつきましたか？ ○の数が多いほど，タイプAの行動特性があると言われています。援助者としては，ゆったりとした行動が相手に安心感を与えます。どのような項目に○がついているのかふり返ってみましょう。

（6） 距離

　距離には，物理的距離，社会的距離，心理的距離などがありますが，援助的な態度としての距離とは心理的距離をさします。適度な心理的距離を保つことは保育カウンセリングではとても大事になってきます。心理的距離が近くなると，人間的なあたたかさは伝わるものの，なれなれしいと相手に思われたり，相手も援助者に対してわがままや甘えを言ったりするなど依存的になり，自分で解決しようという気持ちが弱くなってしまう危険性があります。反対に，心理的距離が遠くなると，客観的に相手を見ることはできますが，相手に対して冷たい印象を与えてしまい，親身に話を聞いてもらえないのではないかという不安感をもたらします。適度な心理的距離を見つけるには経験を積み重ねるしかありませんが，自分自身の相手との距離の取り方をふり返り，遠い人は少し近づける努力をしてみましょう。相手との距離が近いという人は，相手との信頼関係が形成されていれば，少しずつ相手の依存心を自立に向けていくような距離の取り方を考えていきましょう。

2　援助的態度とカウンセリングの技法

　保育カウンセリングは人と接するという援助の仕事なので，援助的態度が必要となってくるわけですが，この援助的態度を実現していくのがカウンセリングの技法です。まず，次の【演習】で，援助的態度とはどういうものかを実感してみましょう。

【演習】
　2人1組になって，援助者役（A）と被援助者役（B）を決めます。Bさんは，Aさんに最近の出来事について2分程度話をします。Aさんは，ふつうの態度で話を聞きます。次の2分間は，続けてBさんが最近あった出来事を話しますが，Aさんは次に挙げるような援助的態度を心がけて話を聞きます。次に，AさんとBさんの役割を交代してください。お互いの役割が終わったら，それぞれ，ふつうの態度で話を聞いてもらったときと援助的態度で話を聞いてもらったときの感想を述べ合いましょう。
　援助的態度の例：①リラックスしている，②相手の感情をよく理解して寄り

添う，③相手の話を熱心に聞く，④自分の価値観をわきに置いて相手をあるがままに受け入れる，⑤ゆっくりと間をおいて聴く，⑥適度な心理的距離を保つ。

保育カウンセリングは相手との対人コミュニケーションであることから，コミュニケーションの視点からカウンセリングの技法を分類してみると，非言語的技法と言語的技法の2つに大別することができます。言語的技法に含まれる受容，くり返し，明確化，支持，質問の5つはカウンセリング技法としてよく知られたものです。しかしながら，私たち人間はコミュニケーションの約90パーセントを非言語的な情報に頼っているといわれています。したがって次節では，言語的技法だけでなく非言語的技法にも着目し，援助的態度との関連を具体的に述べていきます。

非言語的技法

　非言語的技法には，表情，視線，語調，ジェスチャー，姿勢，対人距離，沈黙などがあります。

1　表情

　表情の種類には，愛，幸福，楽しさ，驚き，苦しみ，恐れ，怒り，決心，嫌悪，軽蔑などがあります。人が悲しそうな表情をしているとき，それは，その悲しい気持ちに気づいてほしいというサインかもしれません。他者に気づかれたくないならば，明るい表情で隠そうとすることでしょう。援助者は，相手の表情に気づき気持ちを理解することはもちろんのこと，自分の気持ちを表情で相手に伝えることができなければなりません。心と一致した表情ができるようにしましょう。自分では意識していなくても，忙しくて厳しい表情になっていれば，相手は話しにくい印象を持ってしまいます。また，無表情だったり，自分の心のあわただしさが表情に表われてしまっていないか，鏡でチェックして

みるとよいでしょう。

【演習】
　まず，鏡を見て，①楽しさ，②驚き，③苦しみ，④怒り，⑤嫌悪，⑥軽蔑の表情をチェックしてみましょう。そして，2人1組になって，6種類の表情のなかからランダムに表情を選んで，相手に問題を出してみましょう。
　もし，相手がすべて正解した場合は，感情と表情が一致していて相手に正確に伝わっているといえますが，不一致の場合は，自分の感情が表情を通して正確に相手に伝わっていないことを示します。この表情の順番は隣どうしが類似していて，①の「楽しさ」と⑥の「軽蔑」も非常に類似しているといわれているので，援助者はできるだけ自分の感情が表情を通して正確に相手に伝わるようにしていく必要があります。

2　視線

　「目は口ほどにものを言う」ということわざがありますが，視線は表情を構成する要素の1つで，コミュニケーションの手段としても大事なものです。対人場面における視線の種類には，「視線を合わす」と「視線をそらす」の2つがあります。視線を合わすのは積極的な態度の表われですが，視線をそらすのは消極的な態度の表われであり，うつむいていれば自信がなく落ち込んでいるように感じますし，きょろきょろしていれば，うそを言っているか何かを隠そうとしているように感じます。また，目を相手に向けることは大事ですが，相手の目を見つめすぎると，攻撃的に受け取られたり，気恥ずかしさや居心地の悪さを感じさせることもあります。適切な視線の方向は，相手の鼻のあたりを見るようにすればよいとよくいわれます。相手がリラックスするように，対面で向かい合うよりも直角に座り，適度に相手を見るという方法もよく使われます。相談室では，机の上にぬいぐるみを置いたり，壁にやさしい絵をかけて，適度に視線をそらすことができるような配慮もしています。

【演習】
　2人1組になり，対面法で向かい合い，話し手は，自己紹介や自分の好きな

ことについて話をし，聞き手は，以下の態度で接します。

① 視線を合わせず他のことをしながら聞く（1分）。
② 相手の目をそらさずに聞く（1分）。
③ 適度に目を合わせたり鼻のあたりを見ながら聞く（1分）。

次に，話し手と聞き手の役割を交代します。お互いの役割が終わったら，それぞれ感想を言い合いましょう。

どの視線で聞いてもらったときが話をしやすかったでしょうか？　ほとんどの人が③の適度な視線で聞いてもらったときだと思われます。時間があれば，直角の向きで話をする演習についても①～③の態度で演習してみましょう。

3　語調

語調とは，非言語的コミュニケーションの準言語チャンネルに分類され，言葉の抑揚，強弱，長短などをさします。対人場面のコミュニケーションでは，この語調はとても重要なはたらきをします。「よかったね」と言葉で喜びを伝えても，語調の頭の部分が強いと相手に混乱を与えてしまいます。また，抑制された本音は，意識的統制の困難な語調や表情に表われやすいといわれています。保育カウンセリングでは，相手の語調にも関心を向け本音を読み取っていき，自分自身も相手に対して言葉と語調が一致したコミュニケーションをしていくよう心がけていきましょう。

先に述べた「無防衛」は，表情，語調，ジェスチャー，姿勢で実現することができますが，相手に対してリラックスした雰囲気を与えるためには，落ち着いたゆっくりした語調で話すようにします。

表情の応用として，ここでは語調と組み合わせた演習をしてみましょう。

【演習】
鏡の前で，以下のことをしてみましょう。

① 「おはよう」と語調を明るく語尾を上げ，楽しい笑顔で言う。

② 「おはよう」と語調を明るく語尾を上げ，怒りの表情で言う。
③ 「おはよう」と語頭を強めた語調で，怒りの表情で言う。

　２人１組になって，①〜③を交互に演習し，それぞれの表現が終わるごとに感想を言い合ってください。お互いどのような感想を持ちましたか？　①は音声と語調・表情が一致していますが，②と③は一致していません。
　「おはよう」という音声よりも，語調や表情という非言語的情報に影響を受けやすいことが体験できたと思います。この演習では３種類の組み合わせをしましたが，他の組み合わせもしてみましょう。また，日頃から挨拶の際に言葉だけでなく，表情や語調まで気を配った対応がとても大事になってくることを自覚しましょう。

４　ジェスチャー

　ジェスチャーとは，動きのある身体反応としての動作をさし，しぐさ，身ぶり，身体接触などを含みます。相手の話を聞く際，熱意のある態度を実現するためには，うなずくというジェスチャーが重要になってきます。日常の会話のなかでは，自然とうなずきながら話を聞いていると思いますが，この「うなずき」は，相手の話に興味や関心を持っていることを示し，相手の話を促す効果があります。では，反対に，相手の話を聞くときに，あまりしてはいけないジェスチャーとはどのようなことでしょうか。それは，たとえば貧乏ゆすりが挙げられます。無意識のうちに表われる固着行動の一種ですが，相手の話をせかしているように受け取られたり，いらいらしているように思われることになりますので，貧乏ゆすりの癖がある人は誤解を与えないように気をつけましょう。

５　姿勢

　姿勢とは，動きのない身体反応をさし，座り方，腕の組み方，手の置き方などを含みます。無防衛で熱意のある態度を実現するためには，後傾姿勢よりも前傾姿勢で，手はポケットに入れず，腕組みなどをしないで，相手の話を聞くようにします。

後傾姿勢や腕組みは，相手の話に対して興味や関心がなく，心を閉ざしているように受け取られがちです。また，手をポケットに入れるという態度は，自信がなかったり本心を知られたくない気持ちの表われだといわれています。このような姿勢が自分の癖になってしまっている人は気をつけましょう。

　相手が好感を持ちやすい姿勢に「反響姿勢」というものがあります。たとえば，デートのときなどに相手がコーヒーカップを持ったら自分もコーヒーカップを持つようにすると気持ちが通じやすいといわれます。援助場面に応用するならば，相手がにっこり笑ったときに，こちらも微笑み返したり，相手が机の上のぬいぐるみに手を伸ばしたら，ぬいぐるみのほうを見てみるなどいろいろなパターンがあります。

　ここでは，ジェスチャーと姿勢を組み合わせた演習をしてみましょう。

【演習】
　2人1組になり，話し手と聞き手を決めます。話し手は自分の趣味について話をしてください。聞き手は話を聞く際に，以下の態度をしてみましょう。

① 腕を組み，後傾姿勢で話を聞く（1分）。
② うなずきながら，前傾姿勢で，たまには反響姿勢もとりながら聞く（2分）。

　役割を交代して，終わったら感想を述べ合ってみます。どちらの姿勢やジェスチャーが話しやすかったでしょうか？

6　対人距離

　エドワード・ホールは，「近接学理論（Proxemics Theory）」を提唱し，対人距離を次の4つに分類しています（Hall, 1969）。

・密接距離：身体的接触が容易な45cmまでの距離で，恋人，夫婦，赤ちゃんなどがこの距離にいることは許せますが，親しくない人がこの距離に侵入すると不快感がともないます。

- 個体距離：1人が手をのばせば相手に届く距離から2人がともに手を伸ばせば手の届く範囲であり，友人どうしの会話では45〜120cmくらいの距離がとられます。
- 社会距離：相手との身体的接触は不可能であり，仕事上のあらたまった席上や上司に報告を行なうときなどの120〜360cmくらいの距離です。
- 公衆距離：個人的なコミュニケーションでなく，講演会や演劇鑑賞のときにとられる距離で，360cm以上とされています。

　前節の援助的な態度における「距離」において，相手との間に適切な心理的距離を保つことが大事であると述べましたが，この対人距離は心理的距離と非常に関連があります。不安定な心理状態の子どもを安定させるためにはスキンシップやタッチングなどの身体的接触が可能な密接距離がよいでしょうが，まだ信頼関係ができていない警戒心がある子どもに対しては，近づきすぎると不快感を与えることになってしまいます。対人距離は，個人差や文化的な差異がありますので，相手がリラックスした雰囲気を感じるような距離を考えてみるとよいでしょう。

7　沈黙

　沈黙とは，相手の言葉を黙って待つカウンセリングの技法です。ただ，黙って待つだけではなく，この技法を使うことによって，「間の態度」を実現することができます。また，多くの悩みを抱えている人は心的エネルギーを消耗したり，言葉で自分の気持ちをうまく表現できずにいるので，このようなときに言葉を催促したり，閉ざされた質問（p.35参照）で尋ねると，相手が自分で考えて答える機会を奪ってしまうことになります。沈黙の技法を用いることによって，相手は安心して自分の気持ちを整理して言葉にすることができます。しかし，被援助者のなかには，単に思考が停止しているだけの場合もあるので，一生懸命考えて言葉を探しているのか，それとも，考えるのをあきらめてしまった状態であるのか，または援助者に対して反感や好ましくない感情をいだいているのかをよく見きわめることが大切です。もし，考えるのをあきらめてしまった状態の場合は，そのまま沈黙の技法を使っても言葉は出てこないので，閉ざさ

れた質問などを使って，相手が答えやすいような言葉かけをしてみましょう。反感や好ましくない感情をいだいている場合は，「今日はなかなかお話する気持ちになられないようですね。どうかなさいましたか。遠慮なくお話してください」などと話しかけ，相手の気持ちを好転させる努力が必要になってきます。

3節　言語的技法

　今まで述べてきた援助的態度や非言語的技法を基本として，相手に言語を使っていく技法が言語的技法です。これらの態度や技法が同時に用いられなければ効果的な援助はできません。また，言語的技法は頭だけで理解していても実際に使うことができなければ意味がありませんので，ロールプレイ（役割演技）によるトレーニングや日常の会話のなかで少しずつ使ってみてください。

1　受容と共感の技法

（1）　受容の技法
　相手をあるがままに受け入れる「受容の態度」を実現するのが「受容の技法」です。たとえば，母親が「私は子どもがかわいいと思えないのです」と相談してきたとき，良い母親とか悪い母親などという評価をする視点を捨てて，相手の身になって話を聞きます。受容の技法を使えば，「そうなんですか」といったんは受けとめ，そして「それで？」と促しながら話を進めていきます。「自分の子どもをかわいいと思えないなんてまちがってますよ」などと自分の価値観に従った発言をすると，相手は批判された，気持ちをわかってもらえなかったと感じるでしょう。

（2）　共感の技法
　共感の技法とは，相手の感情に付き添うあたたかい態度である「共感の態度」を実現する技法です。まず，相手がいだいている感情を正確に把握し，その感情を理解していることを相手に伝えていく技法です。相手の感情を正確に

第2章 ● 保育カウンセリングに求められる技法

把握するためには，相手が語った言葉だけでなく，前述した，表情，視線，語調，ジェスチャー，姿勢などからも相手を総合的に観察して，感情を把握する必要があります。次に，把握した感情の種類と程度を明確にします。たとえば悲しい感情でも，少し悲しいのかとても悲しいのかさまざまな程度の悲しさがあります。そして，最後の段階では，明確になった相手の快・不快の感情の種類と程度を，平易な自然な言葉に置き換えて，相手に伝えます。

たとえば，相談者である母親が「子どもがいうことをきかないとすぐガミガミ怒ってしまって，ふと気づいたら子どもが泣いていて，そんなときは自己嫌悪でしばらく何も手につかなくなってしまうんです」と言った場合，「ご自分のことをいやだと思っておられるのですね」と自然な言葉で表現したほうが，効果的に相手に伝わりやすくなります。また，相談者である不登校傾向の子どもが「先生，今日は1時間だけ教室で授業を受けることができたよ。だからすごく嬉しくて」と言ってきた場合，「勇気を出して教室に入ることができたから，自信がでてきて本当に嬉しいんだね」と子どもと喜びを共有し，快の感情への共感を伝えることで，相手との信頼関係も深まっていきます。

以上をまとめると，共感の技法では，①相手の感情を正確に把握し，②把握した感情の種類と程度を明確にし，③相手の感情の種類と程度をわかりやすい平易な言葉に置き換えて伝えることが大切です。

ではここで，受容と共感の技法を演習してみましょう。

【演習】

2人1組になって，話し手と聞き手を決めます。話し手は，最近あったいやな出来事を話します。いやな出来事の原因になった人や物について強調して話してください。聞き手は，話し手がいやな出来事に対して悪口を言ったとしても，自分の価値観をわきにおき，批判せずにあるがままに受けとめながら聞きます（受容）。そして，相手の感情の種類と程度を把握してわかりやすい言葉で相手に伝えます（共感）。終わったら，話し手は聞き手に感想を述べます。話し手は聞き手に理解してもらったと感じたでしょうか。感想を伝えたら，役割を交代して演習してみてください。

2　くり返しと要約の技法

（1）　くり返しの技法

　相手の言葉の一部または全部を言い返すのがくり返しの技法です。この技法を使うことによって「熱意の態度」「共感の態度」「受容の態度」を実現することができます。つまり，相手は，自分の話を熱心に聞いてくれている，自分のことを理解してくれているという気持ちをいだくようになります。この技法を使うにあたっては，以下の注意点に留意しましょう。

・相手が話した言葉を一語一句ものまねみたいにくり返さない。
・相手の言葉を専門用語などのむずかしい言葉に置き換えない。
・くり返しを使い過ぎず，重要と思われる部分だけをくり返す。

　あくまでも，相手とのコミュニケーションがうまくいかなければ意味がないので，自分の自然な言葉に置き換えて，最後に「～ですね」と言葉をつけ加え，「悲しい気持ちなのですね」などと返してみます。

（2）　要約の技法

　相手が語った長い話の内容を，要点にまとめて整理して，相手に返す技法です。先ほどのくり返しの技法の応用になります。この技法を使うと，相手は自分の気持ちが整理され，落ち着いてきたと感じます。長年深い悩み抱えた相手の場合，数年前の話から始まるため，途中で口を挟むタイミングを失い，くり返しの技法を使うことができないことがあります。そのような場合は，相手が語った内容をすべてくり返すことは不可能ですから，要点を要約して返すことで，相手は自分の気持ちや抱えている問題を整理することができます。相手の話が長くなると，こちらも注意力や集中力が低下して，気が散ってしまうことがありますが，話の要点は何であるのかということを聞き逃さないようにする必要があります。

　では，くり返しと要約の演習をしてみましょう。

【演習】

2人1組になって，話し手と聞き手を決めます。

まず，くり返しの演習をしますが，話し手は，今朝から現在までのことを事細かに聞き手に伝えます。その際，ひと呼吸入れながら，聞き手が発言をしやすいように話してください。聞き手は，適度にくり返しの技法を入れながら話を聞きます。

次に，要約の演習をします。話し手は最近楽しかった出来事について，聞き手が口を挟む間を与えないように一気に話します。聞き手は，話し手の話が一段落したところで，要点をまとめながら伝えます。

終わったところで，話し手は，聞き手に感想を述べてください。くり返しと要約の技法は，話し手の話すスタイルによって使い分けますが，要約の技法もくり返しと同じ効果をもたらすことが実感できたでしょうか。では，役割を交代してみましょう。

3　明確化と解釈の技法

（1）　明確化の技法

明確化の技法とは，相手が伝えたいと思っている内容を，相手に代わって先取りして明確な言葉で表現する技法です。たとえば，相談者である母親が「先生はお子さんを厳しくしかりつけたことがありますか」と尋ねてきたら，簡単な返事をしたあと，「お子さんへのしつけが気になっておられるのですか？」と返します。明確化の利点は，相手が言葉でうまく表現できない部分やぼんやりとしか意識していなかった潜在意識の部分への気づきを深めることができることです。明確化すると話の内容が深まり，話が促進されます。

沈黙の技法では，相手の話が出てくるまでゆっくり待つことが重要であると述べましたが，言葉を探すことができずに発言できないでいる場合は相手が言いたいと思っている言葉を先取り（明確化）することにより，相手の発言を助けることができます。

明確化の技法を使う際の注意点としては，相手との間にラポール（信頼関係）が形成されていない段階で使用すると，相手が心を閉ざしたり，心理的抵抗を感じてしまうことがあるので，慎重に使うことが求められます。

（2） 解釈の技法

　解釈の技法は，相手の話の要点と要点を系統立てて因果関係で結びつけて説明し，相手に返す技法です。前述の「要約の技法」では，相手が話した順に要点をくり返しましたが，解釈の技法では，相手が話した順番を必要に応じて入れ替えて，「A（原因）だから，B（結果）なのですね」というスタイルで，相手に返していきます。相手の語った要点を時間的に古い順に整理して言い返して解釈することもできます。

　たとえば，相談者である母親が「（ア）うちの2歳の子どもが，8か月の弟をいじめたり，赤ちゃん返りをすることがあります。（イ）私が半年ほど入院していたことがあり，その後，私がちょっとでも，子どものそばを離れると心配そうにします。（ウ）厳しく叱責しすぎてしまうので，子どもが萎縮した性格になるのではないかと心配になることがあります」と相談してきたときには，「お母さんが入院されてから，お子さんに落ち着かない行動が出てきて，お子さんを厳しく叱りすぎることがあって心配なさっているのですね」というように，（イ）→（ア）→（ウ）と時間的に古い順に並べ変えるとよいでしょう。

4　支持と保証の技法

（1）　支持の技法

　支持の技法は，相手に自己肯定感や自信が育つように支援する技法です。たとえば，相談者である母親が，「私が子どもを厳しく叱りつけるのを夫が見て，『おまえは厳しすぎる。もっと子どもを伸び伸び育てないと萎縮した子どもになってしまうぞ』と言うんです。夫から言われた言葉で子育てに自信がなくなってしまいました」と相談してこられたら，「ご夫婦の間で養育観が異なることはよくあることですが，一方的に批判されると辛いですね」などと相手を肯定します。

　しかし，何でも無責任に支持してよいわけではありません。相手の発言が理論的にあり得ることか，現実にこのような事例はたくさんあるのかどうかということも考慮して発言する必要があります。援助者が支持してくれたことで，相手は不安が軽減され，子育てに自信が芽ばえてきて，子どもに対しても気持ちの余裕をもって接することができるようになるかもしれません。

（2） 保証の技法

　保証の技法とは，何かに対して不安や恐れなどをいだいている相手に対して，安心させ，励まして勇気づける技法のことで，「支持の技法」に似ていますが，「大丈夫ですよ」と積極的に言葉をかけて相手にかかわっていくものです。まず，「共感の技法」によって，相手がいだいている不快な感情を正確に把握します。そして，そのような不快な感情を抱えなくてもよいということを保証する発言をします。たとえば，相談者である母親が「今度，2人目が生まれるのですが，2人も子育てができるでしょうか」と言ってきた場合，「大丈夫ですよ」「心配いりませんよ」「あなたならできますよ」などが具体的な保証の言葉ですが，相手が健康面や経済面で深刻な問題に直面しているときには，無理に保証の技法を使わず，共感の技法を使って相手の感情に寄り添うようにしましょう。

　ではここで，支持と保証の技法を演習してみましょう。

【演習】

　2人1組になって，話し手（子ども）と聞き手（保育者）を決めて，聞き手は支持と保証の技法を心がけながら，会話をしてみましょう。

　　子ども：明日の運動会には出たくない。だって，みんなの前で走るのいやだもん。
　　保育者：（例）先生も小さいときは運動会きらいだったなあ。運動会がきらいな人がいてもいいと思うよ。（支持）
　　子ども：えっ，先生もきらいだったの？　ぼく，転ぶかもしれないから，走るの怖いんだ。
　　保育者：（例）大丈夫だよ。練習のときは転ばなかったし，明日も練習だと思えばいいよ。（保証）

　終わったら，役割を交代してみましょう。また，他の場面を考えてロールプレイしてみましょう

5　質問の技法

　質問の技法とは，文字どおり相手に対して尋ねる技法で，「閉ざされた質問」と「開かれた質問」の2つのタイプがあります。閉ざされた質問は，「はい」か「いいえ」のいずれかで答えることを相手に期待する質問で，開かれた質問は，自由な言葉で答えることを相手に期待する質問です。その際5W1Hの疑問詞を使うと幅広い情報を相手から引き出すことができます。5W1Hとは，何を（What），誰が（Who），どこで（Where），いつ（When），なぜ（Why），どのように（How），などの質問方法です。

　質問の技法を使うことによって，相手に好意を伝えたり，相手の情報収集ができたり，自己理解を促進することができます。たとえば，相談者である母親から「子どもが自分になつかない」という相談を受けたとします。そこで，「お子さんがなつかないのはいつもですか？（閉ざされた質問）」と尋ね，「いいえ」という答えがあれば，「では，どんなときお子さんはなついてきますか？（開かれた質問）」と聞きます。子どもがなつかないと悩んでいても，たとえば，絵本を読むときは笑顔で喜んでいるということであれば，自己理解や状況理解が促進されたということになります。

　閉ざされた質問と開かれた質問をうまく使い分けることができれば効果的なコミュニケーションができます。開かれた質問は，前述した「受容の態度」や「間の態度」を実現することができる質問の技法です。開かれた質問では，自分の問題を自分自身で考えて表現する自由が与えられますが，なかなか自分の言葉で表現することができない状況にある人やリレーション（信頼関係）がない相手に対しては，閉ざされた質問のほうがよい場合があります。たとえば，相談室に緊張して来室した子どもに対しては，「先生に連れてきてもらったの？」「年長さんですか？」「幼稚園は楽しい？」など，閉ざされた質問のほうが最初は答えやすいものです。しかし，閉ざされた質問だけでは，堅苦しい問診票のような質問内容になってしまいますので，ようすを見ながら，「幼稚園ではどんな遊びをしてるの？」などの開かれた質問をするとよいでしょう。このように，閉ざされた質問と開かれた質問をうまく組み合わせた質問になるようにしていくことが望まれますが，この2つの手法を使う際の留意点は以下

の3点です。

- 思いつきで質問しない。
- 自分の好奇心で質問しない。
- 相手のいやがるプライバシーに触れる質問をしない。

最初の質問の次には，その答えに関連があることを聞いていくようにすると，広く情報が収集でき，相手の自己理解も促進することができます。

4節 カウンセリングプロセスと技法

カウンセリングのプロセスは図2-1に示したように3つの段階があります。第1段階は「リレーションづくり」，第2段階は「問題の把握」，第3段階は「問題の解決」です。國分（1979）は，このカウンセリングのプロセスをコーヒーカップ方式とよび，それぞれの段階は，面接初期，面接中期，面接後期にあたるとしています。この図2-1がコーヒーカップのようにU字型になっているのは，高い部分が意識レベル，低い部分が潜在意識レベルを表わしているためです。

援助者には，カウンセリングの専門性が求められますが，それはカウンセリングの基礎理論や心理療法に重点を置いたものではなく，保育現場における保護者や保育者への専門的援助（専門的支援）なのです。本格的なカウンセリングでは，1回50分程度の面接を週に1回の割合で数か月継続しますが，保育カウンセリングでは，あるときは園庭での立ち話だったり，またあるときは電話での相談だったり，定期的に時間を決めて行なうケースでない場合が多いと思われます。

一般的なカウンセリングの流れは，①インテーク面接→②ケース会議（カンファレンス）→③導入期（自己表現）→④展開期（自己洞察）→⑤終結期（自己解決）となります。しかし，上述したように，これは数か月継続する場合の

4節　カウンセリングプロセスと技法

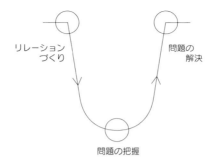

図2-1　カウンセリングのプロセス（日本教育カウンセラー協会，2001）

カウンセリングの流れです。保育カウンセリングの場合は，1回話をするだけで，終了する場合もあります。もちろん，その後も変化を見守っていく必要はありますが，数か月間，定期的に面接を行なうというカウンセリングは，専属の保育カウンセラーが保育所や幼稚園に配属になっている状況に限定されます。

　ここでは，保育現場の保育者が保育カウンセリングを行なう場合のカウンセリングの流れを，この「コーヒーカップ方式」で説明していきたいと思います。本格的なカウンセリングの流れとコーヒーカップ方式の対応関係は，

　「第1段階：リレーションづくり」＝①インテーク面接→②ケース会議（カンファレンス）→③導入期（自己表現）

　「第2段階：問題の把握」＝④展開期（自己洞察）

　「第3段階：問題の解決」＝⑤終結期（自己解決）

となります。参考として，本格的なカウンセリングの流れについても説明しておきましょう。

　まず，最初の相談の受理を「インテーク面接」といい，カウンセラーが収集した情報は「ケース会議」でカウンセリングの方法や担当者を決めていきます。次の「導入期」では，多くの情報を得るために相手（来談者）をリラックスさせ，相手の話を熱意ある態度で聞き，相手の自己表現を促します。この導入期には，来談者とのラポール（愛情と信頼の関係）が形成されるようにします。ラポールが形成されると，来談者の自己表現が深まっていきます。「展開期」では，来談者が直面している問題や感情，それにともなって取った行動について来談者自身が整理して，理性的に自己洞察をしていきます。そして，最後の

「終結期」では，来談者を勇気づけて，現実的な洞察と行動をとおして問題の解決をし，カウンセリングが終了します。

次項では，コーヒーカップ方式を用いて，保育カウンセリングの流れをながめてみましょう。

1　リレーションづくり

リレーションとは相手との信頼関係のことを意味します。國分（1979）は，リレーションとは構えのない感情交流であり，その根底には信頼感があると述べています。相手との心理的距離を縮めていき，適度な心理的距離を保つことが，この段階（第1段階）の目的になります。心理的距離を近づけるためには，言語的技法のなかで説明した受容の技法，くり返しの技法，支持の技法，質問の技法を使うとよいでしょう。

以下に，リレーションづくりの段階における，相談者である母親（Mother：以下Moと略す）と保育カウンセラー（Counselor：以下Coと略す）のやりとりを紹介します。

Mo「うちの子はもうすぐ3歳になるのですが，物をよく投げるので困っています」
Co「それはお母さんも大変ですね。（支持）　それは，いつごろからですか？（質問）」
Mo「数か月前からひどくなってきました」
Co「そうですか。（受容）　お子さんはどんなとき，物を投げますか？（質問）」
Mo「最近，自己主張が強くなって，思いどおりにいかないときなどです。お友だちに対して投げるときもありますし，私に対しても投げてきます」
Co「お母さんやお友だちに対しても，物を投げるのですね。（くり返し）」
Mo「そうなんです。この前，私の顔にあたったので，かなり強く叱ってしまいました」
Co「厳しくしつけることも子育てのなかでは必要なときもありますよ。（支持）　ただ，3歳というと自己主張が出てくる年齢ですから，相手の気持ち

を考えさせるいい機会だと思って、物を投げられた人は痛いんだよということを根気強く伝えてみてください。それから、この年齢になってくると、人のまねをしたがる時期ですから、あまり攻撃的なビデオやテレビを見せすぎないようにすることと、ストレスをためこんでいないか注意深くみてあげてください」

　この事例のように、保育カウンセラーが話を聞くことで、母親は自分のことを理解してもらえたと感じ、少しずつラポールが形成されて、自分のことをわかってもらえたという安心感を持つようになります。しかし、まだこの段階では、何が問題であるか、対処法にはどんなものがあるかを考えるには至っていませんので、次の「問題の把握」へと進んでいきます。

2　問題の把握

　第2段階では、何が問題であるかをつかむため、5W1Hの会話方法を用いて質問をしていきます。すでに、リレーションづくりの過程である程度問題の把握ができている部分もありますが、5W1Hの会話方法を用いることで幅広く問題の把握をすることができます。先ほどの母親の事例で考えてみましょう。

● **Who（だれ）**
だれが困っているのかを把握する。
→（例）母親が困っている。

● **What（何）**
何を訴えているのかを把握する。
→（例）すでに、子どもが人に物を投げること、母親が必要以上に強く叱りつけてしまうことであるとわかっていますが、他に困っていることがあるのではないかを尋ねます。たとえば、「ご主人はどうおっしゃっておられますか？」と質問することによって、「実は、夫は私のしつけが厳しすぎる。このままでは、子どもが萎縮した性格になってしまうから、もっと伸び伸び育てるようにと言います」という答えが返ってくれば、夫婦の養育観の違いも悩みであったことが明らかになります。

● **When（いつ）**

いつ，その問題が始まったのかを把握する。

→（例）「いつから，お子さんは物を投げるようになりましたか」と尋ねることによって，その原因となっているものを明確にすることができます。この事例では，リレーションづくりのときに，数か月前から物を投げるようになったことや自分の思いどおりにならないときに物を投げるようになったことがわかっています。さらに問題の把握をするためには，「お子さんが，落ち着いて楽しく過ごしているのはどんなときですか」と尋ねることによって，子どもの問題だけに目を向けるのではなく，健全に育っている部分にも着目して，落ち着ける時間を増やしていくようにと助言することもできます。

● **Why（なぜ）**

なぜ，悩んでいるのかを把握する。

→（例）なぜ，強く叱ることを悩んでいるのか。この事例では，夫との養育観の違いで，自分の養育を批判されたことなのかもしれないと考え，「なぜ，ご主人は，あなたの子育てに対して反対なさるのでしょうか」と尋ねてみます。たとえば，母親が「夫は，伸び伸びと子育てをしたほうがよいと考えています。子どもが物を投げるには理由があるのだから，それを理解してやるようにと言います」という答えが返ってくるかもしれません。そのような配偶者の考えをどう思うのかについて尋ねていくと，自分の悩みは夫との考え方の違いであるということを自分で把握できるようになります。

● **Where（どこ）**

どこでその問題が起こるのか。他の場所では起こらないのかを把握する。

先のWhen（いつ）でいつ問題が起こるのかという質問をしましたが，どんな場面でそれが起こるのかということも一緒に尋ねてもよいでしょう。

→（例）家のなかだけで物を投げるのか。それとも，友だちと遊んでいる場面でも物を投げるのか。母親だけのときによく起こるのか，父親がいっしょにいるときにもよく起こるのか，などを尋ねます。もし，父親と遊んでいるときには物を投げることはなく，母親や友だちと遊んでいるときだけ物を投げることが起きるとしたら，父親が子どもにどのように接しているのかを尋ねる必要があるでしょう。父親が威厳があって子どもが自己表現しづらいのか，

逆に，父親が子どもの気持ちをよく受けとめるからストレスがたまらずに物を投げることがないのかなどをいっしょに考えていきます。

● **How（方法や程度；どのように）**

どの程度，悩んでいるのかを把握する。

→（例）母親が話をだれかに聞いてもらえばすっきりするのか，それとも対処方法がわからなければ解決しないのか。この事例では，夫婦の養育態度の違いによって，母親が自分自身の子育てに悩んでいるので，夫婦で子育てについてよく話し合いをすることが必要になってきます。夫婦で必ずしも同じ養育態度を取らなければいけないというものでもありません。むしろ，役割分担で，一方が厳しく叱ったあとは，もう一方の親が子どもの気持ちをフォローするというパターンの親子関係はよく見受けられます。夫婦だけではうまく話し合いができないというのであれば，夫婦そろって子育て相談に来てもらい，夫が妻に自分の価値観を押しつけすぎているのか，妻が自分の養育態度をどのように変えたらよいのかわからずに迷っているのかを，夫婦で考えてもらう機会を設けることも必要です。

自分の問題の実態が把握できただけで，その後は自分自身で問題に対応できる人もいますが，この段階で終わらなければ，次の「問題の解決」に進んでいきます。

3　問題の解決

前項の事例の母親は，問題の把握をしていくなかで，子どもの自己主張が強くなったことが，物を投げることにつながっていることに気づきました。そして，子どもの情報を収集していくうちに，トイレでウンチをすることができないこともわかり，子どもは自分で何でもやりたいという気持ちが強くなった反面，自分で思うようにできないというフラストレーションが原因で物を投げるという行動に表われたと考えられました。3歳頃は自己主張が強くなる時期であるという，子どもの発達に対する母親の理解が深まるにつれて，子どもを必要以上に強く叱りつけるのではなく，ゆっくりと相手の気持ちに気づかせる言葉かけを行なうようにしました。また，夫婦間の養育観の違いもお互い理解が深まったようです。それにともなって，子どもが物を投げつけることも減って

きました。この事例の場合は，母親自身が保育者の援助を得ながら，自力で問題の解決に至りました。しかし，保育者だけで対応することができない場合は，保育所や幼稚園外の専門のカウンセラーや専門機関に依頼するという方法があります。常日頃から，専門機関との連携をはかっておくとよいでしょう。具体的な対応策としては次のようなものがあります。

● リファー（refer）

　園長，副園長，学年主任，専門のカウンセラー，医師，弁護士，警察など，他に援助を依頼する方法です。自分の守備範囲を超えるケースでは，適切な専門家に依頼することが大切です。そのためにも，自分には何ができて何ができないのかを自覚しておく必要があります。

● ケースワーク（casework）

　園長，副園長，専門のカウンセラーへの面談に付き添って，情報を補ったり，心理的サポートをする方法です。援助する個人のみを対象とするのではなく，個人を取り巻く関係を全体として捉え，環境にはたらきかける方法です。たとえば，園長や専門のカウンセラーへの面談に付き添うなど具体的に保護者にはたらきかけます。また，甘えたくて情緒不安定になっている子どもの母親に，子育てのなかで子どもと向き合う時間をつくってもらうよう伝えるなど，子育て環境を変えるようはたらきかけることもあります。

● コンサルテーション（consultation）

　コンサルテーションとは，情報提供とアドバイスを意味しています。保育現場においては，援助を必要としている被援助者（たとえば，子ども）に対して専門家が直接関わることができない場合，保育者や保護者に子どもへの関わり方を助言します。この場合，専門家をコンサルタント，助言を受ける保育者や保護者をコンサルティとよびます。

● スーパービジョン（supervision）

　保育者が抱えている問題に対して，ケース会議等で専門カウンセラーから心理的な枠組みや捉え方，これからの関わり方（スキル）などについて指導を受ける方法です。

● 具申（advice to management）

　援助を必要とする個人の問題の原因が，属する組織にある場合は，その組織

にはたらきかけることも考える必要があります。たとえば，保育者の関わり方が原因で，子どもが不登園になったと考えられる場合，その保育者や上司にあたる主任に対して進言することなどです。また，保育者が過重な仕事によって苦しんでいる場合などは組織の長である園長に進言することもあります。

● **個別カウンセリング**（personality counseling）

　プライバシーや守秘義務に配慮しながら，カウンセリングの技法を用いて，相談者の話を聞いて援助をしていく方法です。保育現場では，子どもの送迎の際の立ち話ではすまないような場合は，個室を用意して固定した時間を設定して話を聞く方法などです。

【演習】

　「リレーションづくり」「問題の把握」「問題の解決」というカウンセリングプロセスの3つの段階を意識しながら，次の事例について，どのような援助をしていけばよいのかそれぞれの段階ごとに考えてみましょう。

＊事例1：幼稚園への登園しぶりがあるM子ちゃん（4歳）

　　4歳の4月から幼稚園に入園してきましたが，半年経ってもなかなか幼稚園になじめず，登園しぶりをすることが多い状態です。きょうだいは8歳の姉1人。家にいるときにはビデオやテレビばかり見たがります。

＊事例2：3歳4か月でオムツがとれないと悩むN子ちゃんの母親

　　N子ちゃんは3歳4か月ですが，なかなかオムツがとれません。ウンチはトイレでできますが，どうしてもおしっこがトイレでできません。きょうだいは4歳の姉と1歳の弟がいます。

＊事例3：2歳のD君がべったりで離れないと心配する母親

　　母親はD君の弟の出産のため，しばらく入院していたことがあり，その後，退院して帰って来てから，D君は母親がちょっとでも離れると心配そうにしたり，べったりくっついて離れようとしないことがあります。時には，まだ8か月の弟をいじめたり，赤ちゃん返りをすることもあります。きょ

うだいはその8か月の弟1人です。

〈事例1の援助例〉

リレーションづくり
母親から，M子の性格，生育歴，家庭環境などの情報をあらかじめ得ておく。そのうえで，幼稚園での仲間関係や好きなあそび・活動を把握しておく。M子の登園しぶりがあるときには，落ち着くまでそばにいてあげたり，家庭で遊んでいる玩具等を幼稚園に持ってこさせるなど個別の配慮をしていく。午前中の自由遊びの時間は，M子が興味関心を持っているあそびへ誘導し，気持ちが落ち着く場所や活動を用意する。M子や母親との良好な信頼関係（ラポール）をつくることを目標にする。
問題の把握
幼稚園でのM子のようすを母親に伝えていく。小さい変化も見逃さず，特によい変化を母親に伝え，安心感を与える。母親の不安感は子どもに伝わるもの。子どもからの言語化がむずかしい場合は，母親から情報を得ていく。姉とM子は4歳違いで，家のなかでは姉と遊ぶよりもひとりで遊ぶことのほうが多かったようである。昨年度は，姉が小学校にあがり，家のなかでは母親を独占することができ，まるで一人っ子のような生活をして甘えていた。
問題の解決
M子は，幼稚園に入園し，集団活動のなかに適応していくことにとまどいを感じているようである。また，家のなかで母親と二人で過ごすことができることに居心地のよさを感じており，幼稚園に行くことで母親と離れることが寂しいのではないかと考えられる。母親には，降園後にM子と二人っきりで過ごす時間をつくってもらうようアドバイスし，家庭においても，絵本の読み聞かせなどのスキンシップをしながら十分に甘えられる状況をつくるように助言した。
母親の関わり方が変化したことにより，M子は心理的に安定し，幼稚|

> 園でも落ち着いて過ごすことができるようになってきた。

　子どもが被援助者の場合は，保護者から生育歴や家庭でのようすについての情報を得たり，保護者へのコンサルテーションが必要になってきます。
　上記の援助例を参考に，事例2，事例3についても同じように段階ごとの援助を考えてみましょう。

第3章 保育カウンセリングにおけるアセスメント

1節 アセスメントとは

1 保育におけるアセスメントの必要性

　これまでアセスメントという言葉は保育現場ではあまりなじみがありませんでした。しかし，アセスメントという言葉こそ使用しませんが，子どもの発達の姿や家庭環境などを，面接や行動観察などをとおしてその現状を把握し，保育記録，個人記録，面接記録，家庭環境調査票といった記録簿に定期的に残し，発達の現状や流れを検討して，援助目標（保育目標）を立てています。そして，一度立てた目標を前述の記録等をもとに定期的に修正しながら保育にあたっています。一方で，その年齢に必要な活動や内容は幼稚園教育要領や保育所保育指針で示されており，その年齢にふさわしい内容が達成できるように保育計画が立案され実践されています。

　このように，保育の現場で保育を実践するうえで，子どもの発達を支えるためにその姿を客観的に捉え，家庭環境を含め子どもを取り巻く情報を総合的に捉えて判断し，個々の発達がよりよい状態で達成されるように保育者がその発達を援助している点ではアセスメントを行なっているとも考えられます。しかし，これまでの保育記録や個人記録だけでは，十分に子どもの姿を捉えきれなくなってきている現状もあります。発達障害ではなくても，保護者の子育て不安や勤労状況などにより発達に問題を抱えている子どもが以前よりも増えてい

るという実感を持った保育現場が多く，詳細な個別援助目標を全体の保育計画に加えて立案している園も多くなっています。また，異年齢保育を行なっている園では個別援助目標の他に，異年齢のかかわりからの発達をどのように支えるかといった視点からの検討も求められるようになってきています。さらに，虐待といった深刻な問題への対処としても，保育現場における子どもの実態の把握，援助目標の立案はこれまでの保育記録等だけでは到底把握しきれなくなってきています。そこで，保育においてもアセスメントという概念を導入して，より客観的に，より総合的に子どもの発達の姿を捉える必要があると考えます。

2 アセスメントの定義

アセスメント（assessment）とは，一般に「査定，評価，判定，所見」と訳されます。カウンセリングの場面では「クライエントの心理面，社会面，教育面，身体面などがどのような状態にあるかを把握すること」を意味する専門用語として使われています。一方で，心理学の世界ではこのアセスメントに関連のある用語で「心理測定」と「心理アセスメント」があります。「心理測定」とは，知能，性格，発達などの心理的な側面についてテストを用いてその状況を数値やグラフで表わし，その結果からその姿を明らかにしようとするものです。「心理アセスメント」とはテストのみに頼らず，いくつかのテストを複数組み合わせ行なったり，面接や観察をとおして多くの情報を得て，対象の特性や方向性を推察し，一定の価値基準等からその援助の方向性を探ろうとするもので，包括的な概念として捉えられています。

3 アセスメントの目的

一般的にアセスメントは教育の世界でいう評価（evaluation）という用語と医学の世界における診断（diagnosis）とほぼ同義語として捉えることができます。カウンセリングにおけるアセスメントは「クライエントを援助するとき，そのクライエントの育った環境，現在抱えている問題等を総合的，包括的に理解し，どのような解決方向があるのかといった援助の方向性を見つけ，クライエントの問題解決をより有効な方法で援助する」といった目的で実施されてい

ます。また、アセスメントは援助を行なう前に行なわれるものと、その目的がどれくらい達成されているかを確認、査定するために行なうものとがあります。

保育にこのアセスメントの概念を導入するとすれば、その目的は「子ども（母親・父親）を援助するために、子どもの抱えている問題を客観的に総合的に判断し、子どもの発達をより有効に援助するための情報を整理・統合し、より有効な援助の方向性等を探る」ということになるでしょう。具体的には、これまでの保育記録などを整理、総括し、さらにより客観的な資料として発達についての記録（心理検査など）や保護者の養育態度などの環境面での記録を収集・統合し、子どもの姿をより詳細に捉えることです。また、子どもを取り巻く環境すべてについても検討し、積極的に子どもの発達成長を支え、問題をより有効に解決し援助するために行なうものと考えられるでしょう。

2節 アセスメントの対象と方法

1 アセスメントの対象とおもな内容

子どもの保育・教育支援には子ども本人のアセスメントがその中心になるのが当然ですが、特に保育が対象としている子どもは乳幼児期の子どもであり、その発達に大きな影響力を持つ母親や父親、祖父母、きょうだいなどの人的環境と、発達に直接的・間接的に関わる物的環境もアセスメントには欠かせない対象となります。

（1） 子ども

乳幼児期の子どもの発達はその生涯において心身ともに最も大きな発達をとげる時期です。特に乳児期は1か月といった期間でもその発達の様相が違ってきます。子どもの発達を客観的に捉えるため、専門機関では発達検査などを行なうこともありますが、まずは保育現場では従来から行なわれていた保育記録を活用することから始めるのが有効でしょう。しかし、子どもの姿全般を捉

第3章 ● 保育カウンセリングにおけるアセスメント

えた記録や，断片的な記録では効果的なアセスメントをするには不十分です。そこで，子どもの発達の姿をいくつかの側面から定期的に記録する，または整理し，さらにその側面を総合的に捉えることが求められます。そこで，保育現場で子どもの成長・発達を捉えていたこれまでのなじみのある視点を活用して情報を整理・統合していく方法を紹介します。

● **5領域から捉える**

保育を考えるときにこれまで最もなじみのある5領域（健康，人間関係，環境，言葉，表現）からその発達の姿を捉える方法があります。5領域は子どもの姿を客観的に，総合的に捉えるための便宜的な分類の視点です。どの領域の発達に問題を抱えているのか，身体的な発達の問題なのか，友だちとの関わり方の問題なのか，言葉などの発達の問題なのかといった問題の所在や問題の関連を整理し明らかにして，子どもの発達を詳細に理解するのに役立つものです。

● **身体・心・頭から捉える**

「身体」「心（情緒）」「頭（知能）」といった3つの側面から捉える方法です。5領域に置き換えて考えると「身体」は「健康」の領域と大きく関連します。身長・体重等の一般的な身体的な発達状況，運動機能や運動能力の発達（はいはいや歩行，走ることが可能になった時期）などを挙げることができるでしょう。「心」は5領域で言えば「人間関係」「表現」などが関連します。情緒の安定，感情の表出や自己表現の傾向（すぐに泣く，がまん強い，なかなか笑わない，自己主張ができる，自分の気持ちを伝えるなど），母親や保育者への愛着行動（甘える行動を示す，分離の際泣く，人見知りをするなど），友だちとのかかわりの形成（ひとりで遊んでいる，友だちのあそびに興味を示しているなど）などが挙げられるでしょう。「頭」は「知能」の発達との関連が大きく保育内容では「環境」「言葉」などが関連します。環境の特徴をどのように理解しているか，言葉の発達はどのような道筋をたどっているか，保育者の指示が理解できて行動に移れるか，知的な発達はどうかなどが挙げられます。この「身体」「心」「頭」の3つの視点も一般的によく使われる視点で，初めてアセスメントする場合，情報を整理しやすいかもしれません。

●生活・あそびから捉える

　子どもの発達を支える中心は「生活」と「あそび」といわれています。そして，この生活とあそびをとおして発達が成し遂げられます。「生活」は身体的な発達の様相，生活に必要なスキル（技術）の獲得，基本的な生活習慣の実態（食事・排泄・睡眠・衣服の着脱など）などがその内容となります。

　「あそび」は多くの要素を含みますが，大きく分けると「ひとりでのあそび」「友だちとのあそび」の2側面から捉えることができます。「ひとりでのあそび」は「あそび」という言葉を用いてはいますが，生活面を除いた個の発達を捉えようとするものです。具体的には個々の興味関心の方向や興味関心を示すことがら，知的な能力を支える言葉の発達や認知の発達（物の形や特質がわかる：丸・三角・四角などの形の把握，寒い・暑いなどの感覚への理解，大きい・小さい，高い・低いなどの空間認知など）などが挙げられます。

　「友だちとのあそび」は，ひとりのあそびをさらに質の高いものへとする社会性や道徳性などの発達の姿として捉えることができるでしょう。友だちや保育者との関係をつくれるのか（コミュニケーションの成立状態），いっしょにあそびを発展させることができるのか，共同の遊具を貸し借りしたり譲ったりできるのか，自分の行為に過ちがあった場合は謝罪できるのか（善悪の判断），などが挙げられます。

●母子健康手帳を活用する

　子どものアセスメントとして，入園してくる前の状況についてもできれば把握しておきたいものです。今現われている問題の所在がこれまでの発達のプロセスのなかであったかどうかを確認することは，問題解決の糸口をつかむ可能性があるからです。最も身近な情報としては「母子健康手帳」があります。発達の観点がわかりやすくチェックできるようになっており，どのような発達を遂げてきたのかといった大まかな姿はこの1冊で理解できます。保護者に協力してもらい既存の情報を有効活用したいものです。

　以上のように子どもの姿を捉えるとき，どのような視点から捉えることがその子どもをより理解できるかといった保育者の視点が求められます。

　また，これらの日常的なアセスメントの他に，発達検査，知能検査，社会性の検査，言語発達検査といった専門機関で行なうアセスメントもあわせて子ど

も理解に活用することが望まれます。

（2） 保護者

　乳幼児期は子どもの発達にとって母親や父親といった身近な養育者の影響が最も大きい時期です。保護者の子どもに対する「子ども観」「育児観」，また「養育態度」「親子関係」など，子どもをどのように育てようとしているのか，そして保育現場に何を求めているのかといった保護者の姿や考え方を明らかにしておくことが，子ども理解とその発達の支援には欠かせないこととなります。さらに，どのような職業に就き，どのような生活リズムや生活様式で生活しているのかといった間接的な環境要因も見逃せません。以下に保護者についてのアセスメントの視点を挙げることにします。

● **子ども観**

　子ども観というのは，子どもをどのように捉えるのかといった子どもの見方の総称です。代表的な子ども観で「白紙説」という考え方があります。これは，子どもはまったく何からも影響を受けない真っ白な白紙のような状態で生まれてくるものであって，その後の環境や教育によってその発達は大きく変化するという考え方です。近年，乳幼児の精神医学や大脳生理学，遺伝学といった出生以前の状況に関する研究が進み，子どもというものは新生児期からその子特有の姿，気質，行動の特徴などがみられ，単純な白紙説は認められなくなりました。しかし，子どもは何もわからないのであるから，大人が良い方向に導くことが重要であるといった大人主導型の子ども観（保育観）を持った親と，子どもは持って生まれた能力があるのだから，それを最大限いかすために子どもの主体性を尊重するといった子ども主体の子ども観（保育観）を持った親とでは，それぞれの考え方が養育に反映されるので，子どもの発達全般に及ぼす影響は違ってくるものと考えられます。

　このように親が子どもをどう見ているのか，どのような養育方針があるのかといった問題は，子ども理解のために欠かせないアセスメントとなります。厳しすぎる親，過保護な親，子どもの自主性を大切にする親とさまざまな親がいますが，これは子ども観，保育観から生まれてくる結果であり，子ども観，保育観を知ることで養育態度や養育方針をより深く理解できるものと考えます。

● **夫婦関係**

　夫婦関係についてあまり深く立ち入る必要はありませんが，夫婦の関係が安定しているかどうかの問題は子どもの発達に大きな影響を及ぼします。泣いて登園し，一日中機嫌の悪い園児がいて，降園時に家庭での状況を尋ねたところ，朝から両親が夫婦げんかをしたとのことでした。夫婦げんかのような一過性の行き違いはどこの家庭にもあります。しかし，友だちとの関係で暴力ばかりふるう子どもが，実は両親が離婚調停中であったり，夫の家庭内暴力で母親が長年苦しんでいたりといった夫婦の問題が明らかになったケースもあります。夫婦の問題は子どもの情緒，さらには身体や知能の発達にまで影響を及ぼすことがあるので注意が必要です。

　このような夫婦関係についてアセスメントするためには，日ごろから保護者会，面談，登園や降園の際の日常的な保護者とのコミュニケーションをとおして情報を入手できるような関係づくりを心がけることが大切です。保護者との信頼関係を築くのも保育者の重要な役割なのです。

● **職業・就労状況**

　保護者の職業や就労状況は，入園する際に家庭の状況を把握する家庭調査票などを提出してもらい，子どもの環境理解や保護者との連携に活用している保育所・幼稚園がほとんどだと思われます。近年，情報に関しては規制が厳しく，子ども理解に必要であっても入手できない場合もありますが，できるだけ詳細な情報があるに越したことはありません。保育所の発達相談などでよくあるケースで，両親とも帰宅時間が遅いため，夕食は夜10時過ぎ，就寝時間は11時を過ぎてしまうので，翌日に登園しても睡眠が足りなくて生活リズムが他の園児とズレてしまい，午前中いっぱい遊べないといった子どもがいます。また，共稼ぎのため子どもとのコミュニケーションやあそびの時間がうまく確保できないことを気にして，夜10時過ぎから親子で1時間以上遊び，そのため興奮して寝つけず寝不足になってしまった子どももいました。ほかにも父親に会わせたいからといって深夜まで寝かせないで父親の帰りを待っていて生活リズムが狂ってしまい，保育所で十分なあそびが展開できない子どももいました。保護者の生活スタイルやリズムが子どもの生活やあそび，ひいては発達に大きな影響を及ぼしていることが少なくないのです。

（3） 家族

　子どもを取り巻く人的な環境で最も重要なのは，母親と父親ですが，その他の家族構成メンバーも子どもの発達には重要な役割を担っています。近年，核家族化により小規模の家族がほとんどですが，3世代で同居しているといったケースもあります。

● きょうだい

　きょうだいは「ナナメの関係」とよばれ，縦社会の関係（異年齢間による関係）と横社会の関係（同年齢間による関係）の両方の要素を持ち合わせ，社会に出る前の練習の機会でもある重要な関係であるといわれています。しかし，少子化の影響で一人っ子も多く，そのために最近はよい意味でのきょうだい関係が持てない子どもも多いようです。一方，親や家族によるきょうだいの比較やしつけの差などが子どもの発達に影響を及ぼすこともあります。姉が言葉の発達が早く，コミュニケーション能力もすぐれているため，母親は弟の言葉の発達を危惧し，とても厳しい指導をしたために吃音になってしまったケースなどがあります。また，きょうだい（第2子，第3子）の出産前には必ずといっていいほど，姉・兄になる子どもたちは不安定な状況になります。このようにきょうだいの存在は特に情緒や社会性の発達には欠かせないものであり，アセスメントでは重要な内容となります。

● 祖父母

　核家族化が進み祖父母と同居している子どもは少なくなりましたが，母親の就労が増え，保育所や幼稚園の送迎や保育の一部を祖父母が担っている場合も少なくありません。子どもを取り巻く人的な環境として祖父母は両親に次いで重要です。また，父親や母親の養育態度の原点は祖父母にある場合が多く，しつけの厳しい親の祖父，祖母のどちらか，または両方ともが厳しかったという養育態度の連鎖もみられ，どのような祖父母であり，子どものしつけについてどのような方針を持っていたかといった，両親の養育態度に影響を及ぼす要因を知っておくことも大切です。また，子どものよき理解者であったり，よき遊び相手であったりと祖父母の存在のプラス面もあるのでマイナス，プラスの両面からその情報が得られるとよいでしょう。さらに，母親については嫁姑問題が，その子育てに何らかの影響を及ぼしている場合もあります。このような観

点を持ちながら祖父母についてアセスメントすることが望まれます。

（4） その他の人的環境（人的資源）
●友だち
　子どものアセスメント内容で，友だちとの関わり方について紹介しましたが，本人を取り巻く友だちの特徴の把握もその子どもの発達理解には（良い意味でも悪い意味でも）欠かせません。友だちがどのようなパーソナリティで，どのようなあそびを好み，どのような関係で関わっているのかといった状況について把握しておくことが重要です。A子は引っ込み思案な子どもですが，B子といると何でもチャレンジでき，B子と関わるようになってから自己主張もできるようになりました。このケースではA子の発達にB子（発達の姿やパーソナリティなど）の存在が寄与していることはまちがいありません。一方，登園しぶりなどのケースでは友だちとのマッチング（相性）が悪かったり，保育者からは見えないいじめ（仲良しに見えても実はいじめが潜んでいる）があるなど，友だち関係が影響している場合もあります。対象となる子どもだけではなく，かかわりのある子どもについてもアセスメントの情報として参考にしていくことが望まれます。

●その他
　その他の人的環境としては，母親のネットワーク（趣味や仕事）に登場する人物，子どもが通っているおけいこごとの人間関係など，対象の子どもの発達に影響を与える可能性がある人物については情報を収集しておくと，対象の子ども理解をより深め，さらには人的資源として活用することも可能です。ただし，このような人的資源の情報については保護者をとおして収集する以外の方法は少ないので，保護者の捉えかたの偏りが反映していることもあるので注意を要します。

（5） 物的環境（物的資源）
　対象の子どもの居住区の環境（通園施設・地域など）は子どもの発達を支えるうえで重要な役割を果たします。近くに公園があり戸外で思いっきり遊べる子どもと，公園どころか交通量も多く危険な道路に囲まれていて戸外では日常

ほとんど遊べない子どもでは，保育所や幼稚園で支援する内容に工夫が求められます。どのような場所でだれとどんなことをして日常的に遊んでいるのか，帰宅後におけいこごとをしているのか，どんなおけいこごとを週何日くらい（通っている時間帯も重要です）しているのか，児童館や公民館といった子どもや家庭を支援する公共施設はあるのか，そこで提供されているプログラムや対象の子どもの参加状況はどうなのか，また保健センター，教育相談施設，病院といった子どもの発達を支えるためには欠かせない施設は利用可能なのかといった，地域の子育てに関連する施設を把握しておくことがとても大切です。なぜならば保育所や幼稚園はこのような地域の資源を有効に活用し，連携を図りながら子どもの健全育成を計画するからです。

（6） 援助者（保育者）

　これまでは対象の子どもに直接的に関連する人的・物的環境を中心にそのアセスメントの観点を述べてきました。アセスメントはもともとクライエントの理解とその支援のために情報を収集し，評価・査定するなかでより有効な援助の方向性を探ることが目的ですが，それを援助する援助者も重要な人的環境といえます。「カウンセリングとはクライエントとカウンセラーの行動の変容を試みるといった目的的な言語および非言語をとおした人間関係である」（日本教育カウンセラー協会，2001）と定義されている点からみても，援助者の存在がいかに重要であるか理解できると思います。特に子どもの発達に関連した支援をする中心的な人物（カウンセラー，保育者，保護者，相談担当者）は「自分は支援される者にとって支援者として適切であるかどうか」を判断することは，クライエントにとってよりよい支援をするうえでとても重要となります。自分の力量を超えたケースを担当することは問題をかえって悪化させ，問題の解決を長引かせるばかりではなく，子どもにとっては発達上の大変な損失になります。このような損失を被らせること自体，支援者としての倫理が問われます。そのためにも援助にあたる人間は自分の援助能力を査定しておく必要があるのです。ここでは，保護者を除いた援助者についてそのアセスメントの視点を示したいと考えます。桜井（2004）は教育カウンセラーの養成テキストで以下のような観点を紹介しています。

表3−1　援助サービスに関するプロフィール（石隈，1999）

```
（　）内で該当するところに○をつける。〈　〉内は，自由に記述する。
①援助サービスの対象
　・幼児についての経験は（少ない，ある程度ある，多い）。
　・小学生についての経験は（少ない，ある程度ある，多い）。
　・中学生についての経験は（少ない，ある程度ある，多い）。
　・高校生についての経験は（少ない，ある程度ある，多い）。
　・主として経験した事例は〈　　　　　　　　　　　　　　　〉。
　・経験が少ない事例は，〈　　　　　　　　　　　　　　　　〉。
　　　┌事例の候補：LD（学習障害），学習の問題，友人関係，不登校，進路，┐
　　　└問題行動，エイズ，異文化適応，重い障害，非行，摂食障害，薬物依存。┘
　・保護者や教師のコンサルテーションの経験は（少ない，ある程度ある，多い）。
　・学校組織へのコンサルテーションの経験は（少ない，ある程度ある，多い）。
②心理教育的アセスメントの方法
　・（行動観察，記録，面接，心理検査）を用いる。
　・心理検査として実施できるのは，個別式知能検査で（ビネー式，WISC-Ⅲ，K-ABC），投影法では
　　（ロールシャッハ，TAT）。その他実施できる検査は，〈　　　　　　　　　　〉。
③カウンセリングの方法
　・（個別面接，集団面接）を行う。
　・非構成的グループ・エンカウンターの経験は（少ない，ある程度ある，多い）。
　・構成的グループ・エンカウンターの経験は（少ない，ある程度ある，多い）。
④趣味
　・子どもとの関わりで活用できる私の趣味は〈　　　　　　　　　　　〉。
```

● 援助者の特徴を捉える

　援助者としての特徴をプロフィールから捉えようと石隈（1999）は調査表を作成しています（表3−1）。

　この調査表はおもにカウンセラーなどの心理専門職にある人を対象に作成されたものですが，保育者として連携者の1人としてカウンセリングに関与している場合，このアセスメントの項目すべてをそのまま使用することはできませんが，調査表で挙げられている項目で保育者に関連する項目には，援助者としての力量をアセスメントできるようになってほしいものです。

● 援助者のイラショナルビリーフを捉える

　保育者や教師そしてカウンセラーはリーダーシップを発揮しなければならない場面にも多く遭遇し，ときには人を指導・助言する立場にあるためにイラショナルビリーフ（非論理的な考え方）を持ちやすいといわれています。長年保育者をしていた保育士や幼稚園教諭のなかにも，「子どもは……でなければならない」と一般論で保育の方針を決めて援助している場面を見かけます。そ

のようなことを防ぐためにも、援助者としてのイラショナルビリーフを知ることは、自己盲点の発見にもつながるので、是非一度は自分が陥りやすいイラショナルビリーフについてチェックしてみましょう。客観的で公平なよりよい支援の実現につながると思います（表3-2）。

● 援助行動を分析する

第5章で詳細については述べますが、援助行動を「援助スキルチェック・リスト」という援助行動目録を使い、自己の援助行動の質を自己評価する冨田・田上（1999）が考案した研修方法があります。この方法はアセスメントのために考案されたものではありませんが、保育者は自身の援助行動を定期的にチェックするという点では一種の援助者のアセスメントといえるでしょう。また、同じく第5章で紹介しますが、保育ビデオカンファレンスという研修方法では、自己の保育ビデオを仲間の保育者といっしょに見て、援助の特徴や盲点、その質について、カンファレンス（話し合い）という形で分析的に検討する場を設けています。この方法も援助者のアセスメントとして捉えることができるでしょう。また、最近は社会福祉協議会が作成した保育者のための自己評価チェック・リストが出版されていますが、このような標準化されたツールを活用して、援助者としての自分をアセスメントすることも可能です。

表3-2　援助者が持ちやすいイラショナルビリーフ（石隈，1999）

①自分に関して
・私は完全な教師（カウンセラー，保護者）であるべきだ。そうでなければ，人間として失格である。
・私は，どんなときも，だれからも好かれなければならない。
・私は立派な教師（カウンセラー）なのだから，保護者としても立派であるべきである。
［自分に関してのイラショナル・ビリーフは，落ち込みや不安の要因となる］

②相手（子どもや援助者仲間）に関して
・私がこんなにがんばっているのだから，子どもは目に見えてよくなるべきである。
・子どもは，教師（カウンセラー，保護者）である私を，いつでも尊敬すべきである。
・私の学級（援助の相手，援助の仲間）は，私の思い通りになるべきである。
・私の仕事は，いつも，正当に評価されるべきである。
［相手に関してのイラショナル・ビリーフは，怒りの要因となる］

③環境や状況に関して
・世の中は，高貴な私に，私が望むものを，望むときに，望むとおりのかたちで，与えるべきである。そうでない状況に私は耐えられない。
・私の，教師（カウンセラー，保護者）としての自己実現を世界中が支援すべきである。
［環境や状況に関してのイラショナル・ビリーフは，怒りの要因となる］

2 アセスメントの方法

　アセスメントの方法には大別すると「観察法」「面接法」「測定法」の3つを挙げることができます。しかし，子どもを対象としたアセスメントでは「遊戯（プレイ）」によるアセスメントも有効となるので加えて紹介します。

（1）観察法

　観察法ではおもに「行動観察」が中心となります。行動観察とは，人の行動を直接，間接的（ビデオに録画するなど）に観察し，その観察記録を分析し実際の行動の特徴などから対象者を理解しようとするものです。特に，乳幼児は言葉の発達途上であるために，自分の気持ちや考えをうまく表現できないことも多々あります。また，自分が他人からどのように見られているのか，自分はどのような意識でその行動をとっているのかといった自己意識が未発達な点からも，気持ちが行動に直接現われやすい傾向があります。保育ビデオカンファレンスを行なっていると，保育者の行動はもちろん，子どもの小さな目の動きや，表情までもがリアルに再現され，その後に起こるけんかやパニックのもとになるサインを見つけだすことができます。うそをついていても，もじもじしていたり，言い訳をしていても目をそらしたりと，行動のぎこちなさからその心情が読み取れることもしばしばあります。このように，行動観察は人間の行動特徴を測定して評価するといった点でアセスメントの基本的な方法ともいえるでしょう。観察する方法として，検査室（検査用プレイルーム）で行なう場合と，日常の場面を観察する「自然観察法」がありますが，乳幼児の場合，検査室に慣れていないとその部屋にいることだけで緊張して，その子ども本来の行動の特徴を観察することは困難です。したがって，子どものありのままの姿，本来の日常的な姿を捉えようとするならば自然観察法が望ましいかもしれません。

　観察法は手軽でだれでもできる方法ではありますが，観察する視点をしっかり絞って実施しないと，観察時間は長くても肝心な情報が得られない場合があります。そのために，観察の目的とポイントを決めてから観察を行ないます。また，だれが観察を行なうのかといった問題もあります。いつも子どもとかか

わりがある担当保育者が観察するのか，主任などのクラス担当者以外の人物が観察するのか，カウンセラーやスーパーバイザーといった専門家が観察するのか，観察する人によっても得られる情報の質が変わってきます。または，複数で観察するという方法もありますが，いずれにせよ援助しようとする子どもにとって有益となる情報を得るための観察であってほしいものです。「どこで，だれが，どのように」観察するかは，その現場の状況に合わせて工夫すればよいでしょう。

（2） 面接法

　ここで紹介する面接はカウンセリングで行なわれる面接ではなく，あくまでも子どもの状態を具体的に実際的にアセスメントするための面接をさします。

　「面接法」とは，クライエントに直接会って話をし，そのクライエントの特質や問題を理解する方法ですが，保育カウンセリングではその対象が子どもの場合もあります。子どもの場合は，面接法よりは遊戯（プレイ）による方法で面接法と同じような情報を入手することも多いようです。基本的には保護者，家族，保育者，その他の保育担当者などがその対象となります。面接法は，面接場面での対象者の表情や態度を観察することができるため，対象となる子どもの理解をより深めることができます。また，観察法や心理検査などによって得られた情報を具体的に確かめたり，対象児の問題や障害の原因を探ったり（診断的面接とよばれている）するときにも有効です。しかし，面接法は直接的なアセスメントの方法であるため，その面接対象となる人との関係づくりが重要なポイントとなります。

　面接対象者が面接者（カウンセラー，保育者，園長など）に信頼感を持っていなければ本音を語ることもなく，必要な情報を得られないことも起こります。この関係づくりを「ラポールの形成」といい，日ごろから有効な面接が実施できるような環境づくりを心がけることが必要です。また，面接者はたとえカウンセラーでなくてもカウンセラーの基本技法である傾聴（相手の話に耳を傾けて聴く）を心がけ，ときには支持したり共感したりといった技法を組み合わせ，誠意を持って接することが必要となります（カウンセリングの基本技法は第2章を参照）。また，事前にいくつか質問項目を用意し（半構造化面接），相手が

不愉快な思いをしたり困惑したりしない配慮も必要でしょう。面接の時間は一般的には50分から1時間とされていますが，保育所のような保護者が就労していて面接時間がなかなか確保できない場合は，30分程度でも十分情報を得ることは可能なので，柔軟な対応が必要です。さらに，面接者は中立を保ち，非審判的な態度で臨み，面接者自身が自己一致している（迷いがない）ことが求められます。そして，主観でその情報を解釈したりしないような配慮が必要です。

（3） 測定法

　測定法（検査法・質問紙法・投影法）における子どもへのアセスメントを以下に紹介しますが，これらのアセスメントは臨床心理士や臨床発達心理士といったカウンセリングや発達の専門家が実施することが前提となります。保育者はこれらのアセスメントをとおして，どのような側面を測定し，子どもの発達を評価するのかといった評価の観点を知り，その内容を理解し，実際の保育現場の援助方法にその情報をいかしていくことが必要です。また，これらのアセスメントは専門家が発達の姿を測定する目的で作成されたものですが，その項目は十分に日常の保育のふり返りのヒントにもなるので活用することが望ましいでしょう。

● 発達検査

　発達検査は発達状態を記述したり，項目にチェックするといった方法で発達の全体的な姿を明らかにしたり発達遅滞および発達障害の発見といった目的で実施されます。何らかの問題を抱えた子どもを支援する1つの資料として，教育や医療機関で広く活用され，発達遅滞や障害を持つ子どもの発見への予測力があるといわれています。しかし，これらの発達検査はおおむね乳児期は姿勢運動や感覚運動能力を，幼児期以降は言語能力を中心に測定されるものが多いため，健常な子どもの発達の予測性が低くなるともいわれています。

　たとえ健常な子どもであっても発達の全体像を明らかにすることで，その子どもの得意なことや発達の個人差を発見する手がかりになるものと思われます（表3−3）。

第3章 ● 保育カウンセリングにおけるアセスメント

表3-3 発達検査（金子，2006）

検査名	適用年齢	特　徴	結果の表示法
新版K式発達検査2001	0:03～成人	姿勢・運動，認知・適応，言語・社会の3領域を測定	発達年齢（DA） 発達指数（DQ）
乳幼児精神発達診断法	0:00～7:11	0～3歳用は運動，探索・操作，社会，食事・排泄・生活習慣，理解・言語の5領域，3～7歳用は運動，探索，社会，生活習慣，言語の5領域を測定	発達年齢（DA） 発達指数（DQ） 発達輪郭表
日本版デンバー式発達スクリーニング検査	0:02～6:00	発達スクリーニング用検査。個人－社会，微細運動－適応，言語，粗大運動の4領域を測定	暦年齢線を基準に異常，疑問，正常，不能の4つの評価
遠城寺式・乳幼児分析的発達検査法	0:01～4:08	運動（移動運動，手の運動），社会（基本的習慣，対人関係），言語（発語，言語理解）の3領域6項目を測定	プロフィール

【遠城寺式・乳幼児分析的発達検査】

　この検査は，乳児期から4歳8か月までの子どもの発達を検査用紙の各項目にチェックしていき，実際の年齢（この検査では暦年齢とよんでいる）との隔たりや6つの領域の発達を折れ線グラフに表わし，発達の偏りや発達の全体像を明らかにしようとするものです（表3-4）。

　表3-4のように，この検査では運動領域として「移動運動」「手の運動」，社会面の領域として「基本的習慣」「対人関係」，言語領域として「発語」「言語理解」の6つの領域からその発達の姿を明らかにしようとしている点が特徴といえます。この検査は親子面接などをとおして対象の子どもを観察しながら，保護者（養育者）から各項目について質問するかたちで検査を進めます。そのため対象の子どもがいない場合でも検査することができるという利点があります。しかし，保護者が子どもの行動を見落とすことがあったり，実際よりも過大または過小に評価することもあるため，保育者は保育場面では収集された情報を確認しながら援助にあたることが望ましいでしょう。

【新版K式発達検査法】

　この検査は，乳児期（新生児期）から成人までを対象とし，検査した時点での発達状態を評価し，把握することを目的として作成されています。発達年齢

2節　アセスメントの対象と方法

表3－4　遠城寺式・乳幼児分析的発達検査（高野・川島，1991より）

年齢	移動運動	手の運動	基本的習慣	対人関係	発語	言語理解
4:8	スキップができる	紙飛行機を自分で折る	ひとりで着衣ができる	砂場で二人以上で協力して一つの山を作る	文意の復唱（2/3） ・子供が二人ブランコに乗っています ・山の上に大きな月が出ました ・きのうお母さんと買物に行きました	左右がわかる
4:4	ブランコに立ち乗りしてこぐ	はずむボールをつかむ	信号を見て正しく道路をわたる	ジャンケンで勝負をきめる	四数詞の復唱（2/3） 5－2－4－9 6－8－3－5 7－3－2－8	数の概念がわかる（5まで）
4:0	片足で数歩とぶ	紙を直線にそって切る	入浴時，ある程度自分で体を洗う	母親にことわって友達の家に遊びに行く	両親の姓名，住所を言う	用途による物の指示（5/5）（本，鉛筆，時計，いす，電燈）
3:8	幅とび（両足をそろえて前にとぶ）	十字をかく	鼻をかむ	友達と順番にものを使う（ブランコなど）	文章の復唱（2/3） ・きれいな花が咲いています ・飛行機は空を飛びます ・じょうずに歌をうたいます	数の概念がわかる（3まで）
3:4	でんぐりがえしをする	ボタンをはめる	顔をひとりで洗う	「こうしていい？」と許可を求める	同年齢の子供と会話ができる	高い，低いがわかる
3:0	片足で2～3秒立つ	はさみを使って紙を切る	上着を自分で脱ぐ	ままごとで役を演じることができる	二語文の復唱（2/3）（小さな人形，赤いふうせん，おいしいお菓子）	赤，青，黄，緑がわかる（4/4）
2:9	（中略）					
0:3	あおむけにして体を起こしたとき頭を保つ	顔にふれたものを取ろうとして手を動かす	顔に布をかけられて不快を示す	人の声がする方に向く	泣かずに声を出す（アー，ウァ，など）	人の声でしずまる
0:2	横ばいで頭をちょっとあげる	手を口に持っていってしゃぶる	満腹になると乳首を舌でおし出したり顔をそむけたりする	人の顔をじいっと見つめる	いろいろな泣き声を出す	
0:1	あおむけでときどき左右に首の向きをかえる	手にふれたものをつかむ	空腹時に抱くと顔を乳の方に向けてほしがる	泣いているとき抱きあげるとしずまる	元気な声で泣く	大きな音に反応する
0:0	移動運動	手の運動	基本的習慣	対人関係	発　　語	言語理解

(検査により算出された年齢)と生活年齢(実際の年齢)の比率に100を掛け,「発達指数(DQ：Developmental Quotient)」を算出します。つまり発達年齢が10歳で生活年齢も10歳であればその指数は100ということになります。

$$発達指数（DQ） = \frac{発達年齢}{生活年齢} \times 100$$

　検査項目は「姿勢・運動領域」「認知・適応領域」「言語・社会領域」の3領域からなり,全身の粗大運動,手指の微細運動,認知や言語能力などが含まれます。発達年齢は各領域と3領域を合わせた全領域から示され,生活年齢との比較から何歳程度の発達なのかを判断できるようになっています。たとえば生活年齢が275〜304日の子どもの場合,姿勢・運動領域では「つかまり立ち上がる」など,認知・適応領域では「積み木を置く」「(積木)を順に運ぶ」など,言語・社会領域では対人反応で「指さしに反応する」「バイバイをする」などの項目があります。生活年齢は日数で表わされ,項目も健常な子どもの50％が通過可能である発達を測る目安で構成され,積み木のような課題を行なう項目も含まれています。この検査は課題呈示型の検査であるために,専門家が行なうことが前提です。

【乳幼児精神発達診断法】
　この検査法は母親の育児日誌や,保育現場における保育者の観察記録や日誌に基づいて項目が設定されている点で,現場で参考にしやすいものです。0〜3歳児向けの項目は「運動」「探索・操作」「社会」「食事・排泄・生活習慣」「理解・言語領域」の5領域からなり,3〜7歳児向けは「運動」「探索」「社会」「生活習慣」「言語」の同じく5領域となりますが,各領域の分類がやや大まかになります。この検査は保護者や養育者に質問をして情報を収集する方法なので子どもへの負担もなく,子どもの体調が悪く面接に来ることができなくても,情報を収集できる利点があります。しかし,遠城寺式・乳幼児分析的発達検査と同様,得られた情報が実際の子どもの姿を正確に捉えているとは限らず,保護者の主観により評価にズレが生じることがあることに留意しておきましょう。しかしまた,保護者は子どもの発達をそのように評価していることは事実であり,この評価のズレが発達の阻害要因の場合もあります。そのため,保護者が子どもの発達をどのように捉えているかということを知ることは,家

2節　アセスメントの対象と方法

表3－5　乳幼児精神発達診断法の生活習慣項目（金子，2006より）

48か月：夜中に「おしっこ」にいきたくなると母親を呼ぶ。
54か月：ひとりで寝にいく。
84か月：床に入る前に自分から便所に行き，歯を磨く。

庭での育児や子ども観を知る絶好のチャンスでもあります（表3－5）。

● 知能検査

知能検査は人間の知能を客観的に，しかも科学的に捉えようと考案され，知能指数（IQ：Intelligence Quotient）や知能偏差値などの数値で表わされます（表3-6）。実施方法は個別式検査と集団式検査があり，言語を用いた言語式検査と図形や記号を用いた非言語式検査とに分類されています。個別式検査は子どもの検査に対する態度や意欲などから行動のパターンなどもあわせて測定できます。集団式検査はその集団の傾向やその検査結果を個別指導にいかしたりする目的で実施されますが，近年，差別につながるといった理由で学校現場では実施されないことが多くなっています。以下におもな知能検査法を紹介します。

【ビネー式知能検査】

ビネー式知能検査は1905年，フランスの心理学者ビネー（Binet, A.）とシモン（Simon, T）によって作成され，その後アメリカのターマン（Terman, L. M.）らによってスタンフォード・ビネー検査として改訂されています。日本では鈴木ビネー検査と田中ビネー検査が代表的です。ビネー検査は精神年齢（MA：Mental Age）をもとに数式を用いて知能指数（IQ）を算出し，知能の発達の程度を示そうとするものです。

$$知能指数（IQ）= \frac{精神年齢}{生活年齢} \times 100$$

この検査で使用されているMA（精神年齢）は別名知能年齢ともよばれ，生活年齢（実際の年齢）にかかわらず知能が何歳ぐらいに達しているかを示しています。表3-7にビネー式知能検査の年齢別検査項目を示します。これらの項目はビネーの知能観（推理する能力，判断する能力，理解する能力，自己批判の能力，志向の明確な方向づけと維持の能力）により作成されている項目です。

第3章 ● 保育カウンセリングにおけるアセスメント

表3−6　知能検査一覧（金子，2006より）

検査名	適用年齢	特徴	結果の指示法
田中ビネー知能検査V	2:00～成人	年齢別知的発達水準によって設定された問題の判定基準から知的発達の状態を把握する。検査内容は単語の知識，文章の完成，直接記憶，問題場面の対応などで，1歳級から13歳級，14歳級から成人級が設定されている。	精神年齢（MA） 知能指数（IQ）
※就学児版田中ビネー知能検査V	2:00～7:00	就学児童へのアセスメントとケアを目的として開発された田中ビネー知能検査Vの簡略版で，2歳級から7歳級までが測定対象として設定されているが，原則としては5，6歳の就学前の幼児が対象である。	指示法も同じ
WIPPSI知能診断検査	3:10～7:01	言語性検査は知識，単語，算数，類似，理解（文章），動作性検査は動物の家，絵画完成，迷路，幾何図形，積み木模様の下位検査で構成されている。	言語性IQ（VIQ） 動作性IQ（PIQ） 全検査IQ（IQ）
WISC IV知能検査	5:00～16:11	言語性検査は知識，類似，算数，単語，理解，動作性検査は絵画完成，符号，絵画配列，積み木模様，組み合わせ，記号探し，迷路の下位検査で構成されている。	言語性IQ（VIQ） 動作性IQ（PIQ） 全検査IQ（IQ） 言語理解（VC） 知覚統合（PO） 注意記憶（FD） 処理速度（PS）
WAIS III知能検査	16:00～89:00	言語性検査は単語，類似，算数，数唱，知識，動作性検査は絵画完成，符号，積み木模様，行列推理の下位検査で構成されている。	言語性IQ（VIQ） 動作性IQ（PIQ） 全検査IQ（IQ） 言語理解（VC） 知覚統合（PO） 作動記憶（WM） 処理速度（PS）
K-ABC心理・教育アセスメントバッテリー	2:06～12:11	知能を問題解決能力として「認知処理過程」を測定し，同時に知識である「習得度」を測定する。認知処理過程は「継次処理尺度」「同時処理尺度」に分けて測定する。	標準得点（継次処理尺度，同時処理尺度，認知処理過程尺度，習得度），プロフィール，尺度間の有意差
グッドイナフ人物画知能検査（DAM）	3:00～10:00	人を1人，頭から足の先まで描かせて，50の採点基準から動作性の知能発達水準を測定する。	精神年齢（MA） 知能指数（IQ）

【ウェクスラー式知能検査】

　ニューヨーク大学ベルビュー病院に所属していた臨床心理士のデビッド・ウェクスラー（Wechsler, D., 1896-1981）が開発したウェクスラー式知能検査は，はじめ「ウェクスラー・ベルビュー尺度」（1938）として作成され，その後，幼児から高齢者まで幅広い年齢層をカバーする相対的な知能診断的テストとしていろいろな種類（WISC：1953年，WAIS：1958年，WIPPSI：1969年，

表3−7　ビネー式知能検査の年齢別検査項目 （高野・川島，1991）

年齢	検査項目	年齢	検査項目
3歳	目，耳，口の指示 絵の中の事物の列挙 2数字の反唱 文章の反唱（6音節文） 家の名（姓）を言う	7歳	絵の欠けている部分の指摘 手指の数（10本）を言う 手本の文の模写 三角形と菱形の模写 5数字の反唱 絵の内容の叙述 13の硬貨の数え方 4種の通貨の名称
4歳	自分の性別を言う 見なれた事物の名を言う 3数字の反唱 2本の直線の比較		
5歳	2つのおもりの比較 正方形の模写 文章の反唱（10音節文） 4つの硬貨の数え方 2片によるはめ絵遊び	8歳	2つの記憶のための読み方 9スウの計算（1スウ3個と2スウ3個で） 4つの色の名 20から0まで逆に数える 記憶から2つの事物の差異をあげる 書き取り
6歳	文章の反唱（16音節文） 2つの顔の美の比較 身近な事物の用途による定義 同時になされた3つの命令の実行 自分の年齢を言う 午前と午後の区別		

WISC-R：1978年）の検査が開発され，日本においても日本版が標準化され広く活用されています。基本的な構造は言語性IQと動作性IQという下位概念から構成されており，ビネー検査が知能全般を扱っているのに対してこの2側面から個人内の差を検討できる診断として活用されています。

【K-ABC心理・教育アセスメントバッテリー】

K-ABC（Kaufman Assessment Battery for Children）の知能観は「知能は問題解決能力である」という視点から捉え，「認知処理過程」について測定し，さらにすでに学習した知識を「習熟度」として測定する方法です。検査法は個別にイーゼルに描かれた課題や指示された課題（用具を使う）を遂行して，面接者との会話を中心に進められます。そのため問題解決能力と習熟度の2側面を同時に測定することができ，学習障害や精神遅滞児の発見および指導に活用しやすいという利点を持っています。適用年齢は2歳6か月〜12歳11か月で，幼児期から学童期の発達の姿を捉えることができます。

以上がおもな知能検査法です。

●性格検査

　投影法による検査で代表的な検査は「ロールシャッハ・テスト」「文章完成テスト（SCT）」「P-Fスタディ」などをあげることができます。しかし，投影法はその診断に熟練を要し，保育者が活用することも非常にむずかしいために幼児に使用可能な検査法を中心に紹介します。

【ロールシャッハ・テスト】
　スイスの精神科医ロールシャッハ（Rorschach, H.）によって考案された心理判断テストで対象年齢は幼児から成人までです。左右対称のインクのしみで作られた図版10枚を用いて，各図版がおもに何に見えるかを回答させ，パーソナリティの深部をアセスメントしようとするものです。

【バウムテスト】
　バウムテスト（樹木画テスト）はA4判の白紙に，1本の実のなる木を描かせ，その木を自画像の一種と考え，描いた人物の心理的な特徴を知ろうとするもので，木の太さ，枝ぶり，実の大きさや数，根の張り具合，全体的なバランスといった評価の視点から診断をしていくものです。この診断には熟練を要しますが，子どもとコミュニケーションを取りながら進められるので，コミュニケーションレベルも測定でき多くの情報が得られます。

【CAT】
　CAT（Children's Apperception Test）はベラック（Bellak, L.）によって幼児・児童向けに開発された測定具です。刺激図版はリスのチロちゃんの家族や友だちとのいろいろなシーンからなり，各図版に対して空想物語をつくらせ，その主人公（対象者）を取り巻く願望，感情，解決様式，結末などの物語の内容を分析し，パーソナリティの理解に役立てようとするものです。

【親子関係診断テスト】
　親子関係診断テストはサイモンズ（Symonds, 1939）による親の養育態度の研究で用いられた考え方をもとに作成されたもので，親の養育態度から子どもの行動や性格への影響を診断し，親子関係改善に役立てる検査です。その後，何度か改訂され，1994年に「TK式幼児用親子関係検査」となりました（表3-8）。

2節　アセスメントの対象と方法

表3-8　親の養育態度（TK式幼児用親子関係検査手引より作成）

態度	型	内容
拒否的態度	不満型	子どもとしっくりいかない，子どもに対して不満がある，他のきょうだいと比べてかわいくない，相手にならないなどの親の態度
	非難型	子どもをおどかしたり，悪くいったり，体罰やその他の罰を与えたり，どなりつけたりするなどの親の子どもに対する荒っぽい非難的態度
支配的態度	厳格型	子どもの気持ちにかまわず，一方的に親の考えている枠に押し込もうとし，常に子どもを監督下において厳しい命令と禁止でしばる親の態度
	期待型	子どもに対して高い期待をかけ，子どもの能力や気持ちにかまわず親の希望する方向へ引っ張っていく態度
保護的態度	干渉型	子どもに失敗させないようにと，口うるさく指図したり，すぐに手を貸してやったりして，こまごまと世話をやき，子どもに責任をもたせて見守ることができない態度
	心配型	子どもの健康，安全，成績，交友関係などに，無意味と思われるほどの心配をし，そのためむやみと手をかけ保護する態度
服従的態度	溺愛型	「ねこかわいがり」で見さかいなく子どもを甘やかす態度
	盲従型	子どものいいなりになり，召使いのようにサービスする親の態度
矛盾的態度	矛盾型	子どもの同じ行動に対して，ある時はひどくしかったり禁止したりし，またある時は見逃したり奨励したりする態度
	不一致型	父親と母親の子どもに対する考え方や態度に大きな差がある場合で，子どもにとっては矛盾した一致していない両親の態度

【養育態度尺度】

　養育態度尺度は鈴木ら（1985）によって作成された子どものパーソナリティ発達に影響を及ぼす養育態度，家庭環境，社会的ストレスを測定する尺度です。この尺度もサイモンズの研究で明らかにされた「受容」「拒否」の2次元を活用して作成されています。この尺度は3つの下位尺度で構成され，1つ目は「受容的・子ども中心的かかわり」で「子どもの悩みや心配ごとを理解している」といった質問項目で構成され，2つ目は「統制的かかわり」で「子どもに対しては，決まりをたくさんつくりそれをやかましく言わなければならない」といった質問項目で，3つ目はサイモンズの次元にはない「責任回避的かかわり」で「子どもが同じことをしても，ときによって叱ったり，放っておいたりしてしまう」といった質問項目で構成されています。そして，この3つの各下位尺度の得点からどの養育態度の傾向が強いかを判断しようとするものです。

　近年，養育の問題で虐待を危惧する場面が多くみられるようになりましたが，

黒澤と田上（2005）は母親の虐待的育児態度という新しい概念を用いて，養育態度に虐待的育児態度がどのように影響するかを明らかにしています。今後はこのような視点からも尺度開発が望まれます。

（4） 遊戯（プレイ）

　先述したように，乳幼児は言語表現や自己意識の発達が未熟なため，有効で正確な情報を得ることは困難です。そこで，その子どものプレイ（あそび＝遊戯）を組織的に観察し，行動の特徴やセラピストとのかかわりから対人関係の特徴などの情報を得ようとする方法です。親子関係について情報を得ようとする場合はセラピストと親子でプレイを行ないます。何回かのプレイをとおして子どもの発達面はもとより親子のコミュニケーションスタイルや養育行動のパターンなども観察でき，保護者との面接の役割も果たすことができます。しかし，何回かくり返さないと信頼関係も形成できず保護者も本音を語らないため，定期的に何回か実施するという手間は必要です。このプレイと保護者指導を組み合わせたアプローチが「インリアル・アプローチ（Inter Reactive Learning Communication）」です。1970年代にアメリカのコロラド大学で開発されました。親子のプレイのようすをビデオに撮影し，そこでのコミュニケーションを応答性や相互性といった視点から分析し，その結果を用いながら親に言語心理学的技法を指導します。そして，言語心理学的技法が習得され，子どもとの応答的なコミュニケーションが成立するまでビデオ分析を続けるというもので，アセスメントと指導が一体となったアプローチともいえるでしょう。

3節　アセスメントの実際

　本節では保育カウンセリングにおけるアセスメントの事例（個の育ちを捉えたものと，集団の育ちを捉えたもの）2点を紹介します。

3節　アセスメントの実際

1　事例：3歳男児Yくん—個の育ちを捉える

問題の所在：友だちとコミュニケーションが取れない（言葉の発達の問題）。

（1）Yくんを取り巻く環境を記述する

●人的な資源

　Yくんは保育園に入園してまだ数か月しか経っていないため，保護者との面談をとおして，家庭でのようす，家庭における人的資源についてその情報を収集しました。保育園での生活が短いなかでの問題であったため，家庭での人間関係やそのコミュニケーションのあり方が言葉の発達に影響を及ぼしていると考えたからです。また，母親が言葉の発達をどのように捉えているかといった母親の心理面もアセスメントすることにしました。その結果，生活リズムが大人のペースでつくられ，父親との会話はもちろん，母親との会話すらほとんどなく，母親の就労が始まったころは夕食の支度中はビデオを見て生活をしていたことが判明しました。

●物的な資源

　言葉の発達は他の園児に比べてゆっくりではありましたが，指さし行動，積み木やブロック，パズルなどを使ってひとりで遊ぶことができるといった面では発達の全般的な遅れはないと判断できました。そこで，Yくんがどの遊具で遊んでいるかを日常の保育記録に残し，あそびをとおして保育者との信頼関係を構築するといった援助目標を立てました。

（2）発達を客観的に捉える

●成長の記録から

　入園して3か月経った時点で，保育園で記録している発達記録（成長の記録：あそび，排泄，食事，睡眠，衣服の着脱，言葉など）を使い，Yくんの発達のようすを保育者とスーパーバイザーとともにチェックしました。チェックした記録に色違いのマーカーを使い，一般の子どもの発達から明らかに遅れている項目には赤マーカー，他の園児と大きな隔たりのない項目には青マーカーをし，Yくんの資源探しを行ないました。不得意なことを伸ばすよりは今でき

ることを充実させることに主眼をおいてYくんのよいところを伸ばす方針で援助目標を立てました。
● **発達検査から**
　遠城寺式・乳幼児分析的発達検査の項目をスーパーバイザーと保育者でチェックし，発達全体の姿を客観的に明らかにしました。その結果，言語理解は十分にできているものの，発語が1歳程度遅れていることが判明しました。その後，3か月おきにこの検査項目を用いて全体の発達と言葉の発達の変化を客観的に捉えていきました。

（3）　対人関係の文脈からの検討
● **言葉の発達（語彙の数と使用の傾向）**
　Yくんの問題は「発語」にあるので，保育園での日常生活でどのような場面で言葉またはそれに変わる音声を出しているのかを記録します。保育園の保育者全員でYくんの言葉で気がついたことがあれば記録できるような共通ノートを用意して，日常の言葉の変化を捉えていきました。
● **友だち・保育者とのコミュニケーションレベル**
　共通ノートの記録に線を引き，その発せられた言葉がどのような状況で発せられているかをみます。コミュニケーションの手段として相手に向けられたものなのか，コミュニケーションの手段として使用された場合，それはインタラクティブ（相互的なコミュニケーション）だったのかどうかといった，人間関係と言葉の実態とその質について記録するようにしました。

　以上のようないくつかのYくんの記録からその実態をアセスメントし，援助方針や援助方法を3か月に1回は見直し，援助していきました。Yくんは半年後，保育者との信頼関係が築けたころから急激に言葉が増え，発達の遅れはまったく心配のない状態にまで変化しました。

2　事例：5歳男児Kくん― 集団の育ちを捉える

問題の所在：友だちとのけんかが絶えず，いっしょに遊べない。

（1） Kくんを取り巻く環境を記述する
● 人的な資源
　Kくんの問題は友だちとのけんかが多く，なかなか譲ることができず，最後はひとりぼっちで遊ぶことが多かったので，友だちとの関係がどのようになっているのか，Kくんとクラスのメンバーとのエピソードを1か月間保育者が収集して，問題の背景を探ることにしました。加えて，Kくんは一人っ子ということもあったため，母親を中心とした面接をとおして，家庭での養育方針や家庭での行動についての情報を収集しました。

● 物的な資源
　Kくんは特にブロックあそびが好きで，自分の作りたい作品にブロックが足りなくなると友だちのブロックを横取りしてしまい，その結果仲間外れになっていました。そこで，ブロックの数は現在の子どもたちの遊びに十分なのか，またKくんがブロック以外の遊具に興味を持つ可能性はないのかといった視点から，幼稚園にある遊具すべてにわたり，Kくんのあそびと結びつけてその使用の可能性について保育者間でカンファレンスをしました。室内にある遊具に限らず，戸外にある遊具，散歩先の公園などで興味を示した遊具など，すべて可能性のある遊具を対象としました。

（2） メンバーそれぞれの発達とメンバー間の関係を捉える
● KIDS乳幼児発達スケールから
　Kくんを取り巻く人的環境で最も重要な友だちとKくん自身について，それぞれの発達の特徴を知るためにKIDS乳幼児発達スケールという発達検査の項目を利用して保育者がその発達の特徴をまとめました。KIDS乳幼児発達スケールは標準化されたテストとして発達科学研究教育センターから発売されているものです。

● 保育者記入式・友だち関係スケールから
　Kくんの遊び相手としてどのような人材がいて，現在はその子どもたちとはどのような関係かといった「友だち関係スケール」を保育者と筆者で作成し，関係の変化を定期的に観察法により記録していきました。
　上記のアセスメントを3か月後，6か月後，1年後と定期的に行ない，その

第3章 ● 保育カウンセリングにおけるアセスメント

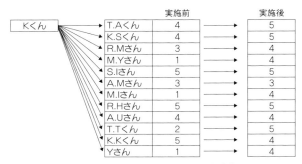

図3－1　Kくんからみた友人関係変化

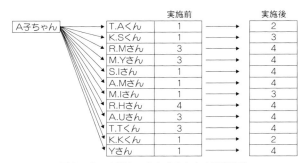

図3－2　A子ちゃんからみた友人関係変化

変化から発達のようすをみました。

(3) テーマ保育の活用

　保育内容の見直しを行ない，Kくんだけではなく子どもどうしのあそびが広がるような保育内容の検討を行ない，「テーマ保育」という新しい保育内容を取り入れました（このテーマ保育については冨田（2001）に具体的な進め方が紹介されています）。テーマ保育の特徴は個々がじっくり大きなテーマのもとで自分のあそびを発展させていくものです。テーマをとおして友だちと協力していける場を保育者がタイミングをみながら提供していくといった保育方法で，ヨーロッパ（スウェーデンなどが中心）では積極的に取り組まれている方法です。

このテーマ保育のなかで子どもたち一人ひとりがどのように個々のあそびを発展させ，友だちとはどのような会話や活動が生まれ変化していったかという記録を日誌に記録するようにしました。

図3-1，図3-2にKくんとA子ちゃんの友だちとの関係評定の変化を示します。このように，Kくんを取り巻く友だち関係を丁寧に観察し記録し，1か月に1度クラスの子どもたちの関係をアセスメントしながら保育内容やその援助方法を工夫していきました。その結果，Kくんの問題解決で始まった記録が，子ども一人ひとりを保育者が真剣に見つめる機会を提供し，それによってクラス全員の子どもたちの関係も深まりました。

4節　アセスメントの留意点

アセスメントの対象や方法，具体例について述べてきましたが，アセスメントを実際に進めるうえで特に留意しておくべき事項を以下にまとめます。

● **信頼関係を築く**

カウンセリングのプロセスにおいても信頼関係（ラポール）を構築することがその基本となるように，アセスメントを行なうにあたっても当然，対象者との信頼関係が一番重要となります。それは信頼関係を基盤として，対象者（子ども）にとってより有効な，そして客観性のある正確な情報が得られるからです。特に，保育においても保育者が援助を工夫して行なったとしても，信頼関係が築かれていなければ，保育者の言葉がけや行動が空回りして，子どもの心に届きません。結果，子どものよりよい発達を支援することができなくなるといった結果を招くでしょう。カウンセリングも，アセスメントも，保育も，人を援助することが目的の活動ですから，信頼関係を築くことが何よりも重要な第一歩なのです。

保育カウンセリングの対象は子ども，保護者，保育者といろいろですが，どのような立場にある人とのかかわりにおいても，日ごろからまめに声をかける，連絡をとるといった緊密なコミュニケーションが必要です。そして，実際に話

を聞くときは，十分に対象者の困っている気持ちに「わかろうとする」態度で寄り添い，受けとめて，「大丈夫ですよ」といったイメージと安心感を与えることが重要です。

● **自分の解釈の偏りや盲点を知る**

　実際，アセスメントが有効となるためには，アセスメントで得られた情報をどのように解釈し，査定し，それを援助目標にいかしていくかが，不可欠なことです。しかし，カウンセラーや専門家といっても万能ではありません。暴力的な行為にネガティブな評価をしがちな人もいれば，明るく元気であれば問題がないと読み取る人もいます。攻撃的な行動や明るく元気な行動といった表面に現われた行動が直接その問題と関連している場合もありますが，実は不安の裏返しで攻撃的な行動をとる場合もありますし，明るくふるまっていても実は対人緊張が非常に高く，それが問題行動の引き金になっている場合もあります。一面的な捉え方や，自分の経験だけで判断することは危険であり，避けたいものです。保育者でも長年保育に携わっていると「3歳児はこんな感じよね」「2歳になったら当然……よね」と自分のなかで個人差を抜きにして経験から学習した発達課題に子どもを当てはめて理解してしまうことがしばしばあります。アセスメントにおいても同じようなことが考えられますので，自分が陥りやすいパターンや盲点は仲間とカンファレンスを開き，お互いの知恵を出し合って，アセスメントで得た情報を吟味してほしいと思います。また，スーパーバイザーに指導を受ける（スーパービジョン）といった第三者の目が必要となる場合もあります。

● **多面的な検討を心がける**

　アセスメントにもいろいろな種類があります。言葉の発達が気になるため，言語発達の検査をすればアセスメントになるかといえばそれだけでは不十分です。言葉の発達に関連する，親子関係や友だち関係といったコミュニケーションの実態を捉えることも必要です。乳幼児の場合，特に問題を抱えていなくても語彙や文法の習得には個人差があり，一義的に判断できないからです。その子どもの生活環境やそれにともなう興味・関心の対象によっても言葉の習得の様相が異なります。また，観察で得られた情報と検査法で得られた情報ではその質が違うので，多面的な方法でアセスメントし，総合的に得られた情報を解

4節　アセスメントの留意点

釈し，援助の方向性を探っていくことが望まれます。特にアセスメントの対象が乳幼児の場合，子どもを取り巻く人的・物的環境についてできるだけ詳細に情報収集して検討しましょう。なぜならば，乳幼児は急速な発達途上にあるため，環境からの影響を最も受けやすいからです。

　さらに，アセスメントは日進月歩であり，養育態度尺度でも紹介しましたが，虐待といった概念から養育態度を測定しようとする新しい動きがあります。従来からあるアセスメント，特に測定法は長年研究が積み重ねられて標準化されたものが多く，信頼性，妥当性ともに高く，現在でも十分使用可能で，基本的な姿を把握するには有効な方法です。しかし一方では，時代の変化とともに子どもたちの生活が刻々と変化していることにも目を向けなければなりません。たとえば食事の習慣，睡眠などの生活リズムの変化，インターネットなどの通信革命など，子どもを取り巻く環境の変化は子どもの発達に何らかの影響を与えていると考えられます。このような時代の変化に合わせ，新しいアセスメントの開発や，新しいアセスメントに関する情報の収集を心がけることが，本当の意味で子どもの役に立てるアセスメントが実現することにつながります。

● **守秘義務**

　アセスメントで得た情報はまさに個人情報のかたまりです。カウンセリングは個人的な問題解決をその目的としているため，どうしても個人の情報を収集

することになります。したがって，カウンセラーはもとより，教育に携わる人の個人情報に対する守秘義務はアセスメントにおいても当然要求されます。カンファレンスで共有した情報であっても一切口外してはなりません。そして，アセスメントで得られた情報は自宅に持ち帰ったりしてはいけませんし，安易に廃棄してもいけません。これは，個人の人権を守るための当然の行為なので，十分留意してアセスメントを行なう必要があります。

援助的・治療的カウンセリング

1節
発達相談・発達支援の方法と実際

　子どもの発達を正しく理解しておくことは，保育の臨床場面でも重要なことです。しかしその一方で，理論が先行しすぎて，外側からの「物差し」を拠り所に，子どもたちの行動や反応のなかにある「おかしな点」を見つけて，無理矢理にそれにあてはめようとすることは，目の前の子どもたちの真の姿から目が離れることになりかねません。物差しはあくまでも物差しとして，はっきりしないことまで性急に断定することは控えるべきです。また子どもの発達は流動的であり，変化し続けるものであることをふまえておく必要があります。子どもの発達をどうみていったらよいかはっきりしない不確実な状態にもかかわらず，保育者の心配をそのまま保護者に伝えることについても，その行為がどのような意味を持つのか，保護者にどのような不安を与えることになるのかなど，伝えることの目的について，他の保育者たちと落ち着いてゆっくりと話し合いながら考えていく必要があるでしょう。たとえ子どもの発達の心配を伝えなければならない場合であっても，その後に親子が受けることのできる支援や医療施設，療育先などについての情報が用意されている必要があります。さらには親子の心のケアについて，十分な見守りと配慮が必要であることは言うまでもありません。

　子どもの発達に関わるものは，短期的な視点のほかに，長期的な視点で育ちの過程に同行するというまなざしが要求されます。外部の医療機関などですで

に診断されている場合でも，診断名にあまり惑わされたり，ふり回されたりせず，日々現場で培われている個々の保育者の感性を大事にしていってほしいと思います。わからないことはわからないままでいられること，そして子どもと保護者を見守ることができる「待てる力」を育てていくことが，保育の現場には必要なのではないでしょうか。

1　発達の捉え方

　まず大切なことは，医療機関ではない保育の現場では，発達に関する表現方法には十分に留意する必要がある，ということです。保護者や本人への伝わり方を考えると，「しょうがい」という言い方や，「問題のある行動」などという言葉そのものが持っている，ネガティブなイメージを与える表現を，軽率に使用すべきではありません。したがって，これから提示することがらについても，現場での「心配」や「困ったこと」，保育者が感じていることや考えを，うまく整理するために利用していただければと思います。

（1）　発達の問題
●言葉が気になる（遅い・不明瞭・おしゃべり）
　言葉の遅れは保護者や保育者が大変気になるところです。言葉に関連したことで心配なときは，身体面においては聴覚に問題がないかを医療機関できちんとチェックしてもらう必要があります。ある音域の聞こえが悪いだけでも，言葉の発達が非常に遅れることがあります。また「中耳炎」にかかっていないかを保護者に確認することは重要でしょう。たとえば風邪と中耳炎をくり返す子どものなかには，発音が不明瞭になる場合があります。また口の構造や舌の長さによっても，はっきり発音できないことがあります。いずれにしても，発音などは保護者が気にすればするほど，子どもにその緊張や不安が伝わりやすいものです。わかりにくい発音をしていても，直すことばかりに集中しないで，子どもがリラックスしてゆっくり話せるような雰囲気をつくってやることが大事です。

●パニックを起こす・かんしゃくを起こす
　思いどおりにいかなくて，かんしゃくを起こす場合には，理由がわかりやす

いので，保育者も接しやすいのではないかと思います。しかし，まったく原因が見つからず，パニックやかんしゃくを起こす子どもに対しては，保育者もどう接したらよいか困惑するのではないでしょうか。原因に気づくまでの過程で，子どもが出しているサインをキャッチすることは非常に重要です。多くの子どもたちは，見逃しがちな小さなサインを送っているはずです。そのサインをキャッチできるような工夫が必要です。

【例】おもちゃに熱中している最中に，次の課題に移ろうとしたときパニックになる。

この子どもは発達の問題なのか，集団に慣れていないためなのか，家庭での過ごし方が関連しているのか，しつけに関わることなのか，それらすべてが関連しているのか，見極める必要があります。すぐにわからない場合が多いので，時間をかけて子どもの行動観察をしたり，会話のなかからくみとったり，必要な場合は保護者との面談につなぐことも必要でしょう。

【例】大きな物音がしたあとにパニックになる。

発達上の問題も心配ですが，音などの刺激を少なくする工夫が，一番その子にとってよい援助だと思われます。そして，その子どもをよく観察して，どんな音に敏感なのかを理解することも大事です。

● **コミュニケーションがうまくとれない**

「コミュニケーション」にはさまざまな表現方法があります。より細かく「なにが？」「どんなふうに？」「どんなときに？」苦手なのかを観察し，注目する必要があります。

また，子どもによっては，抽象的表現を理解するのが苦手な子どももいます。その子どもにとってわかりやすく，聞きとりやすい言葉や絵などの表現方法を用いながら工夫して伝えます。

● **他の子どもといっしょに遊ばない**

遊ばない理由は，さまざまです。そして「遊ばない」のか「遊べない」のかの見極めも重要です。遊ばない子どもを無理に他の子どもと遊ばせるのではな

く，保育者と1対1のかかわりから，徐々に気の合いそうな子どもと接点をつくっていくことも大事です。遊べない子どもは，集団への橋渡しをして，見守ってやることが大切でしょう。

● **こだわりが強い**

ひとくちにこだわりと言っても，そのこだわり方によって，接し方は違ってくると思われます。「問題のある子」と決めつけないで，何をどうこだわっているのか，その子どもの視線で感じてみてください。発達障害という前に，その子どもが，どうやったらこだわりを持ちながらも，集団生活ができるようになるのかを考えていくことが一番重要なことです。

● **トラブルが多い**

トラブルはどのような原因で起こったのか。パニックやかんしゃくを起こす子どもと同様に，「なぜ？」「どんなときに？」の視点は大事です。子どもの発達上の問題なのか，集団に慣れていないためなのか，貸してあげることがまだうまくできないからなのか，特定の保育者との関係しか持てないからなのかなど，さまざまなことが考えられます。また，トラブルと感じているのは，保育者側の視点からだけなのかどうかを吟味する必要があります。

● **体の動きがぎごちない，不器用**

一般に，極端に運動が苦手で不器用な場合，脳性麻痺や発達性の協調運動がうまくできない発達障害などが考えられます。また，ごく軽度の脳性麻痺の場合は，周囲に気づかれにくく，場合によっては，保護者も認識が十分でないことがあります。軽度脳性麻痺の子どもは，周囲からの理解が得られないことが多く，「わざとゆっくりしている」などと誤解を受けることがあります。その場合，歩行開始年齢を知ることも大事です。

不器用な子どもには，根気よく励ましながら，練習させていくことも大切です。そしてできたときは十分にほめてあげることも忘れてはなりません。

● **分離不安**

親からの分離は不安をともなうものです。しかし年齢不相応に，たとえば3歳を過ぎても母親から離れることに極度の不安を示したり，集団に入りたがらなかったりした場合には，母子関係を注意深く観察していくことが必要です。保護者側に養育上の問題があることが考えられます。一方子どもには徐々に集

団の楽しさを経験させ，自信をつけていくことが大切です。周産期に関連することがらを，保護者から聞くことが必要な場合にも，傷ついているかもしれない母親の気持ちに十分配慮し，無理に聞きだすことはしないことです。また親子のプライバシーを遵守することは必須です。

● **特定の保育者としか接触したがらない**

子どもが特定の保育者としか接触したがらない理由は，個別性の強いことにあるかもしれません。特定の保育者には心を許していると考えれば，その関係を大切にしていくことが必要でしょう。なついている保育者が担任でない場合であっても同じです。担任がすべての子どもに対して「一番」である必要はないと思います。臨機応変に対処し，まず第一に子どもの気持ちを大事にしてください。

表4-1に，今までに挙げてきた項目のまとめを示しますので参考にしてください。

何か困ったことがあると，まずはじめに子どもの発達の問題に原因を探しがちですが，保育者と子どもとの関係はどうであるか，あるいはどうであったかについて，よく経過を追って分析してみる必要があります。そして子どもたちが出しているサインをしっかり受けとめているかどうか，何か見逃しはないかを，検討する必要があります。個人での作業が困難な場合が多いので，グループで話し合いの場を持つのもよいでしょう。保育の現場でできることには限界があります。しかし，保護者との面談をとおして，保護者の困っていることは何か，保護者の心のケアが必要か，保護者（特に母親）はじっくり話を聴いて

表4-1　問題として挙げられること

問題点	問題の内容（具体例）
子どもの発達	知的発達症，言語症，誤音症，小児期発症流暢症（吃音） ASD（自閉スペクトラム症，アスペルガー症候群），注意欠如・多動症，局所性学習症など
保護者のしつけ	不適切な養育行動やしつけ，親子のやり取りのリズム不調和 例：放任（ネグレクト），甘やかし，過干渉，無関心など
発達と養育が絡む	子どもの発達の問題があり，かつ保護者が不適切なかかわり方をしている場合（二次障害の危険性）

ほしいのではないか，などを丁寧にみていくことが大切です。

　保育者と保護者の関係性が育つ過程では，こうした個別的なケアも必要となってくるでしょう。また，最近は集団あそびの経験がまったくなく，家では一人遊びが多く，ビデオやテレビの視聴時間が非常に長い子どもたちが増えているようです。そういった子どもたちがはじめて集団生活をするのですから，集団になじみにくいのは当然かもしれません。その場合には，少しずつ集団にならしていくことが必要であり，子どものペースに合ったサポートと，そのことへの理解が保育者と保護者双方に必要だと思われます。

（2）　育児という視点からの問題

　保護者の抱える育児上の問題は，育児に慣れていないことから起因していると思われがちです。しかし育児の問題や育児不安は単一ではないし，問題の深刻さもさまざまであるといわれています（吉永，2001）。具体的な育児への疑問だけではなく，精神的な要因も大きいのです。そのため乳児に限らず，子どもを持つ保護者，特に母親の不安な気持ちをしっかりと聴くことが大事です。まちがいを正そうとしたり，指導したりすることはよい解決策にはならないことが多いものです。また「よい親」になるような誘導をすることなく，家族ごとの現状や持ち味を理解し，支持していくことが大事です。そして「何が本当は不安なのか」を保育者と保護者の双方が見極めていく必要があります。

　保護者の不安には，夫婦（パートナー）との関係，祖父母や親戚との関係，友人関係，養育者（特に母親）の育児サポートの現状など，さなざまな要因が絡んでいる可能性があります。

　さらには，周産期的要因として，以下のことなどが挙げられます。

・母親がその子どもの前（あるいはあと）に子どもを亡くす体験をしてはいないか。
・妊娠期間中はどのように過ごしたか。
・お産の状況はどのようであったか。
・出産後すぐに母子，親子対面ができていたか。
・子育て期間中に，何か気がかりなことはなかったか。

（3）発達を捉える視点

　子どもの発達をみていくうえで，問題のもととなることは単一ではありません。また，子どもの発達は流動的であり，「そのようにみると，そうみえてくる」ことがあります。つまり問題視することで，二次的にその子どもを「問題のある子ども」にしてしまう場合があるということです。思い込みから，問題や「しょうがい」のある子どもとして扱うことは，非常に危険です。保育者も心のアンテナを常にクリアにして，「おや？」と感じることを大切にすることです。マニュアルではなく，自分自身の感性や，子どもとはぐくんできた関係性からの視点を一番において考えることが望まれます。

2　発達の理解とその援助

　次に3つの事例を紹介します。これらの事例は，プライバシー保護のこともあり，実際のケースそのものではなく筆者が経験した事例をいくつか合成しています。

（1）事例：親子関係から考える

＊対象：Aちゃん（1歳半女児）とその母親
＊主訴：時どきパニックになり，母親を困らせる。どう育てていいかわからない。発達に問題があるのではないか。
＊相談までの経緯・概要

　母親は初産の自然妊娠で双子を出産。1児は生後すぐに死亡し，Aちゃんは1,900g台で生まれ，しばらくの間保育器に入りました。

　1歳半のフォローアップ外来で，母親によるとAちゃんの言葉はまだほとんど出ていないとのことでした。ただ常に「ママ，ママ」と泣き叫んでいて，発達検査ははじめから集中が困難で機嫌が回復することはありませんでした。

　Aちゃんは母親の身体のどこかに触れていないと不安そうで，ちょっとでも気に入らないと怒って物を投げ，気分の変化は大変激しいものでした。

　検査方法は新版K式発達検査で，発達は指数からみると全体的に遅れていました。発達指数は「姿勢・運動」「認知・適応」「言語・社会」の3項目からみていきます。AちゃんのTDQ（Total Development Quotient：総発

達指数）は64でした。85が正常域と判断すると，やや遅れがみられました。母親はAちゃんの発達に問題があると心配し，継続的な心理面接を希望しました。

＊面接の経過と考察

母親との面接は，Aちゃんの1歳半発達検査後から小学校入学後までの合計32回行ないました。

〈初期〉

この時期は育児不安が強く，日常生活場面でも母親は子どもと2人で外出することは非常に少なく，ほとんど家に引きこもっている状態でした。面接では，「子育てに自信を失ってしまっている」ことなどを話していました。

〈中期〉

この時期に入ってからはじめて双子の1児が亡くなったことを語りはじめました。1児が亡くなったころに母親の体調不良も重なり，Aちゃんにはずっと会えず，接触も少ないうちにAちゃんが先に退院して，家に帰ってしまったこと。いっしょに過ごすようになって，Aちゃんを見ていると亡くなったほうの子どものことが思い出され，その子のことが不憫に感じられたこと。その反対に生きているAちゃんをかわいいというよりも，憎らしく感じることなどがくり返し語られました。

この時期（面接の継続中）に，Aちゃんの3歳の発達検査を行ないました。3歳になったAちゃんは，1歳半のときとはうって変わって，検査導入時から機嫌がよく，検査もスムーズで，集中の持続もできていました。

発達のバランスもよく，TDQは100。母親と離れても落ち着いていました。ただ，検査者や周囲に対しては，少し過剰適応していて，気を使っている感じがしました。

〈後期〉

この時期に入って，父親を交えた親子面接を5回ほど実施しました。Aちゃんの成長に合わせて母親も自由に不安を語れるようになり，ときには夫への不満や，自分の感じていることを，きちんと言語化できるようになりました。

最後の面接では，夫婦間で歩み寄った結果，家族関係に変化がみられ，A

ちゃんからは「お母さん優しくなったね」と言われるようになったことが話されました。

〈考察〉

この事例から、子どもの発達は特に母親の不安や悩みが反映されやすく、発達をみていくうえで、親子の関係性を切り離しては考えられないことがわかります。

この事例のAちゃんは、1歳半の時点では発達障害のようにみえましたが、親子の関係性という視点からの支援、具体的には、母子平行面接や、親子カウンセリングの実施、母親の「喪の仕事（亡くした子どものことを話すことのできる場所としてのカウンセリング）」により、時間はかかりましたが、親子の関係が少しずつ変化していき、母親の悲しみが語られるようになってくると、Aちゃんに落ち着きがみられるようになり、就学に問題もなく、現在も元気に学校へ通っています。

（2） 事例：子どもをしつけられない両親

＊対象：Bちゃん（3歳女児）とその両親
＊主訴：Bちゃんが両親の言うことを聞いてくれない。
＊相談までの経緯・概要

生まれつきの病気があったため、誕生直後から入退院をくり返していたBちゃんは集団生活への参加時期が遅く、5歳でようやく保育園に入りました。それまでは家に母親と2人でいることがほとんどだったので、一人遊びが多く、ビデオやテレビの視聴も長時間になっていました。入園したものの、なかなか家のように、「女王様」でいることができず、友だちとうまく遊ぶこともできなくて、かんしゃくを起こしては、泣いて孤立する場面が多くみられました。保育者たちも困って、なんとか集団になじませようと努力していました。

Bちゃんは病弱なため、何かにつけ母親が先に手を出すことが多かったようでした。その結果、かたづけられない、順番を守れない、そのうえ、泣き続け、だだをこねることで大人は必ず折れてくれると学習してしまっていました。Bちゃんを前にして、両親はまるで家来のようにご機嫌をうかがって

いる場面がみられました。両親にとって,エネルギーあふれるパワフルなBちゃんに,どう接してよいかわからなかったようです。

＊面接の経過と考察

　Bちゃんの検査場面で2回ほど親子観察を行ない,両親と話しました。

　まず両親やまわりの大人が,Bちゃんに負けず,毅然とした態度で接していくことが必要であることを伝えました。Bちゃんのような子どもに対しては,保育者が橋渡しするつもりで,集団あそびができるように子どもたちとの間をつないでやることが必要でしょう。手のかかる,わがままな子どもにとって,はじめて体験する「枠組み」は,ストレスでもあります。がまんできるようになるまでゆっくり個別の対応をすることが必要なこともあると思います。「待つ」ことを念頭に入れながら,集団の楽しさを体験させます。

　子どもが変わると,保護者が変わっていくことは,よくあることです。親子関係とはそれほど密接なものだといえるでしょう。

(3)　事例：母親と離れられない

＊対象：Cくん（4歳男児）とその母親

＊主訴：保育園転園後,毎朝ぐずって行きたがらない。

＊相談までの経緯・概要

　母親はCくんの上の子どもを死産した経験がありました。父親は仕事が忙しく,ほとんど家にいません。毎朝園の前で,Cくんは儀式のように母親と別れるのをいやがり泣き続けていました。

＊面接の経過と考察

　親子観察から,朝のお別れを乗り切れば,なんとかその後の時間は,楽しく過ごせていることがわかりました。別れたくない気持ちのなかに,母親の「離れてしまうと,また子どもが死んでしまうかもしれない」という,漠然とした不安があったこともわかりました。母親の不安をくみとりながら,「安心して預けてください」というメッセージを気持ちに込めて親子と接していくうちに,朝の儀式はだんだん必要なくなり,母親のほうをふり返ることもなく,元気に保育園に入っていく姿がみられるようになりました。

3　援助における留意点

　子どもの発達の問題は，単独で起こっているというよりも，さまざまな要因が関連して起こっていることが多いものです。発達の遅れがあった場合でも，子どもの気質的な要因だけでなく，親子関係や子どもを取り巻く環境についてなど，発達に関与している二次的な要因への理解や配慮が必要になってきます。

　先に示した事例は，一見すると発達に問題があるようにみえました。しかし例えば事例（1）と（3）には母親の子どもの喪失体験や，家族のさまざまな心の問題がありました。

　保護者，特に母親の抱える表面的には見えにくい心の傷や体験について，こちらから無理に聞き出すようなことは絶対に避けるべきですが，保育者と保護者の信頼関係がはぐくまれる過程で，親から話し出すことがあるかもしれません。そうした場合には，とにかくまず「聴く」ことに徹します。ずい分過去の話であっても，話し手にとっては，非常にリアルで生々しい体験である可能性があります。そうした「語り」には，評価や励ましの言葉ではなく，真摯に聴く態度が相手の心に伝わっていくのだと思います。その点は十分に考慮していきたいものです。

　保育の現場では，急激に変化し続ける家族関係にまつわる心配や問題，発達に関する心配のある子どもが増えている印象を持ちます。そしてそれらの問題に関連した保育者からの相談が増えています。保育の現場で求められていることは，子どもと子どもを取り巻く家族に対して，「何ができるのか」を分析することであり，それは同時に「どこまで支援できるのか」の限界点を知ることでもあるように思います。子どもが発しているさまざまな問題は，子ども単独で起こっていることなのか，家族関係のなかで生まれているのか，それとも複合的なことなのか，それぞれの視点からの検討が必要です。保育者どうしのミーティングや検討会で，外部からの支援を得る機会を持ちながら，家族支援，育児支援という観点に焦点をあてた話し合いが持たれることが望まれます。

　保育の現場での援助の留意点を以下にまとめてみます。

・子どもとの信頼関係を築いていくこと。

・保護者との信頼関係を築いていくこと。
・仲間の保育者との連携を深めること。
・子どもたちをよく観察すること。
・親子の関係性をよく観察すること。
・観察したことを，他の保育者とじょうずに共有し助け合うこと。

　子どもたちやその家族は，保育者が自分たちに向けている視線からさまざまなことを感じ，読み取っています。それぞれの関係が育っていくなかで，子どもや家族を丁寧にみることは大切なことです。それは保護者や家族が家族になっていく，親子になっていくプロセスに同行していることなのです。
　さらに，保育者それぞれの経験や感性をいかして，子どもたちの成長を見守り，見届けてほしいのです。必要であれば，子どもを環境になじませようとするのではなく，環境を変える努力も必要でしょう。そして子どものできることを支持して，子どもの自信が揺るがないように支えていくことが大切です。
　保育者は，子ども一人ひとりにとって大事な存在です。保育者と子どもが互いにじょうずに出会えることは，その後の子どもたちが送るであろう人生に大きな影響をもたらすものです。保育は，大変すばらしい，誇りを持てる仕事なので，ぜひ目の前の子どもたちとの心の響きあいを楽しみたいものです。

2節　子育て相談の方法と実際

1　子育て支援における「子育て相談」

　本節では保育所や幼稚園といった保育施設で行なわれている子育て支援としての「子育て相談」を中心にその内容について述べたいと思います。
　子育て相談が保育現場に導入されたのは1976（昭和51）年，厚生省（現在は厚生労働省）から都道府県に通知された「乳幼児健全育成事業」がそのはじまりといわれています。この通知が出された背景には「核家族化による子育

不安の増大」といった社会問題が大きく関与しています。また近年は，少子化が深刻な問題となり，1994（平成6）年にその対応策としてエンゼルプランが発表され，加えて「緊急保育対策等5か年事業」がスタートして子育て支援を積極的に行なっていく方向が明確になりました。これを受けて，都道府県を中心に「子育て支援センター」が設置され，子育て支援の専門的な取り組みが具現化しました。その後，児童福祉法が改正され，保育所の入所がこれまで市町村の措置によるものから，保護者の選択に委（ゆだ）ねられ，保育所が地域の子育て機関として位置づけられるように変化しました。エンゼルプランは，10年を目途としたものでしたが，1999年（平成11）年で決定された「少子化対策推進基本方針」に基づいて，重点的に推進すべき少子化対策として新エンゼルプラン（大蔵・文部・厚生・労働・建設・自治の6大臣合意）が策定されました。この新エンゼルプランは1）保育等子育て支援サービスの充実（低年齢児の受け入れ拡大，延長・休日保育の推進），2）仕事と子育て両立のための雇用環境整備，3）働き方についての固定的な性別役割や職場優先の企業風土の是正等からなるものでした。しかし，出生率低下に歯止めがかからず少子化が進行するなかで2003（平成15）年「次世代育成支援対策法」および「少子化対策基本法」が，翌年2004（平成16）年には「子ども子育て応援プラン」が策定され，目まぐるしく少子化対策としての「子育て支援」の施策が繰り出され，保育現場においてもその影響を大きく受けました。

　幼稚園に関しても，幼稚園教育要領が1998（平成10）年に改訂され，子育て支援に積極的に関与することを求める内容が盛り込まれ，保育所においてもこの改訂に準じて乳幼児教育施設による子育て支援としての「子育て相談」が全国区でスタートしたのです。

　1998（平成10）年の改訂で位置づけられた幼稚園および保育所における子育て支援は，2008（平成20）年および2017（平成29）年の改訂を経てさらにその役割が強調されました。幼稚園教育要領では「家庭や地域における幼児期の教育支援」として子育て支援が位置づけられ，単なる「子育て相談」レベルから教育の目的を持つ意図的な支援として示されています。

　しかし，最近の傾向として発達の遅れへの相談（言葉，知能，情緒），行動やしつけに関する相談（多動，偏食，トイレットトレーニング，チック，夜尿

第4章 ● 援助的・治療的カウンセリング

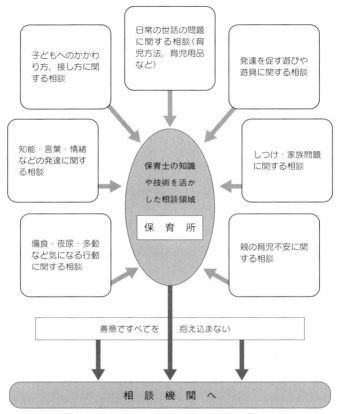

図4-1 子育て相談の内容 (小林・小林, 1999)

(医療,心理療法やカウンセリングなど子育て支援以上の
専門性を要する問題は,それぞれの専門機関にゆだねる)

など),家族問題(離婚,虐待,就労など)や親の育児不安の相談(うつ病,孤独感,不安神経症など病理にも関連して)が増加しているという報告もあります。保育所における子育て相談の内容と他機関との連携について小林と小林(1999)は図4-1のように示しています。

2 子育て相談と保育カウンセリング

子育て相談はまさにカウンセリングの営みに他なりません。しかし本書では,

プロが行なうカウンセリングについて扱うのではなく，保育者という保育のプロによる保護者の教育，スーパービジョンという機能を備えた相談活動という広い意味で保育カウンセリングを捉えようと思います。しかし，先にも述べましたが，子育て相談が保育に関連しながらも心理面のケアに関わる場合が昨今増えている傾向からかんがみれば，保育者はプロのカウンセラーではないものの，心理的なケアや発達に関する基礎的な理論を押さえておく必要があるでしょう。そこで，子育て相談に関するカウンセリングの視点を紹介し子育て相談に役立てていただきたいと思います。

　ここでは日本教育カウンセラー協会（2001）が，ピアヘルパー（仲間どうしの助け合いに関する専門性を持った人に出される資格）の育成に関して示しているカウンセリングプロセスの視点にそって説明します。カウンセリングでは3つのステージ，つまり「1　リレーションづくり」「2　問題の把握」「3　問題の解決」をプロセスとして通過するとされています（第2章4節も参照）。

（1）　リレーションづくり

　保育現場における子育て相談は在園児の保護者から持ち込まれる場合と，在園児以外の地域住民から持ち込まれる場合の二通りがあります。子育てについて相談を進めるうえで，またカウンセリングを進めるうえでも，援助する人とされる人，相談する人とされる人，カウンセラーとクライエントといったどのような関係においても，まず信頼関係（ラポール）をつくることからはじまります。これをカウンセリングでは「リレーションづくり」とよんで，カウンセリングプロセスの最初のステージとしています。このとき，相談に来る相談者の不安を，全面的に受けとめる（受容）ことを心がけ，じっくりと話を聞く（傾聴）ことが関係づくりの第一歩であり，アドバイスをすることは極力避けることが肝要です。

（2）　問題の把握
　①主訴の把握（何に困っているのか）
　　子育て相談の問題の把握はその相談内容により方向性が決まります。最初のステップは，相談者がどのような問題について相談したいかといった「主

訴」の確認です。「子育てに不安を抱えている」とか，「子どもの言葉の発達が気になる」といった相談者側の問題把握のことです。
②問題全体の把握（どのような状況下なのか）

問題全体の把握にあたっては，カウンセリングの基本技法が必要となってきます。「閉ざされた質問」「開かれた質問」といった質問技法や，「5W1H」を駆使し具体的に問題を把握していきます。「5W1H」とは，いつ（When），どこで（Where），だれが（Who），何に（What），なぜ（Why），どのように（How）といった内容の質問です。
③問題の所在を明らかにする（問題の中心は何か）

子育て相談の内容でも紹介したように，子育て相談の内容は年々多岐にわたり，いくつもの問題をあわせて抱えている場合も少なくありません。まず問題の大きな方向性を明らかにするところからはじめましょう。
「子どもの問題」（身体的（フィジカル）な問題，心理的（メンタル）な問題，社会性といった人間関係に関わる問題）なのか，または「育児上の問題」（養育方法の問題，養育技術の問題，養育環境の問題）なのか，といった「問題」の質と大枠をつかみ整理します。

問題の大枠や方向性を明らかにするために丁寧なアセスメントが必要になります。主訴が起こっている環境，これまでの経緯（発達記録，日誌など），面接の記録など，必要と思われる情報から問題の所在を明らかにすることが解決の第一歩となります。

（3） 問題の解決

問題への主な対応策として日本教育カウンセラー協会（2001）は，「リファー」「ケースワーク」「ピアスーパービジョン」「コンサルテーション」「具申」「個別カウンセリング」の6つを提案しています。ここでは，保育カウンセリングに関係の深い5つを紹介します。

●リファー

リファーとは相談内容が自分の手に余る場合，専門機関を紹介したり，専門家（医師，保健師，プロのカウンセラーなど）にその援助を委譲することです。自分の力量を超える問題を抱え込み，かえって問題を悪化させてしまうケース

も少なくないからです。

● **ケースワーク**

　ケースワークには大きく分けて3つのタイプがあるといわれています。第1のタイプは具体的に何かをサービスするもので、たとえば、母親が体調を壊し送迎が不可能な場合その送迎を援助する、またはそれを援助できる人を探すなどが考えられます。第2のタイプは人的・物的環境を修正する方法です。母親が子育てに不安を強く抱いている場合、登降園の時間帯をずらしたり、雑談ノートなどを作ったり、心理的な距離を確保しながら援助をするなどが考えられます。第3のタイプは転地療法的なケースワークで、家族旅行を勧めたり、サークルに誘ったりして環境を変えるなどのアドバイスをすることが挙げられます。

● **ピアスーパービジョン**

　子育ての専門家として、実際にどのように子育てをするのかといった具体的な技術を伝授、助言することです。トイレットトレーニングなど園で実際に行なっているようすを見てもらったり、方法を伝えたりといった直接的な援助方法です。

● **コンサルテーション**

　コンサルテーションとは第1章で述べたように、他業種の人からの情報提供や助言を求めることで、保育現場に巡回相談員に来てもらいアドバイスをもらう、保育の専門家からレクチャーを受けるなどが考えられます。

● **個別カウンセリング**

　いろいろなアプローチをしても効果がない場合や、ただ愚痴を聞いてもらうだけで楽になるといったケースでは、支援的・共感的に話を聴くという方法があります。カウンセリングといっても、プロのカウンセラーのような援助が求められているのではなく、よき話し相手、よき理解者になるための個別カウンセリングという位置づけです。

3　子育て相談の実際

　ここでは子育て相談の2つの事例から、その流れをみてみましょう。

（1） 事例：保育者のはたらきかけで相談に持ち込んだケース
＊対象：Aくん（3歳男児）
＊主訴：集団生活になじめない。
＊相談開始までの経緯

　3歳になるAくんは，保育園に入園して3年目になります。2歳を過ぎる頃から他の子に比べ，ひとりで遊んでいる姿がめだち，ときにはボーっとして何も手につかない姿もみられました。保育者の何人かは「自閉傾向」を疑い，発達相談を持ちかけようとしましたが，Aくんの母親は，日常生活のことを話そうとするだけで，必要以上のことは話そうとせず，同じ年齢の保護者との交流もまったくなく，「暗い」「無関心」といった印象でした。担任の保育者からの要請で，Aくんの発達状況を確認することに加え，母親とのコミュニケーションのとり方についての会議を園で行ないました。基本的な方針として，その日のAくんのエピソードを記録し，どんなに目をそらされてもAくんの母親と話すように努力し続けました。Aくんについては，Aくんがなついている保育者とのかかわりを安定させる配慮をしました。そして，1年の歳月が流れたある日，「いっしょに考えてみませんか」という保育者の言葉に母親の心が動き，子育て相談が始まりました。

＊相談の経過

　前述のように，1年の歳月をかけ相談がやっとスタートしました。母親としてはやっとの思いでこの相談に応じることを決意したものの，本心は不安でいっぱいのようでした。そこで，当初の援助目標を「現状の確認と理解」と設定して，これまで保育園で記録していた発達のようすと家庭でのようすとをすり合わせながら，Aくんの姿を全体的に捉えることにしました。具体的には発達記録にマーカーで印をつけ，担当するすべての保育者でAくんは「何ができて何ができないのか」といった事実の確認を行ない，母親との面談で聞いた家庭でのようすをその記録に書き込み，Aくんを取り巻く環境全体から発達の具体的な姿を明らかにしていきました。

＊　＊　＊

　その後Aくんの保育園での生活は驚くほど安定してきました。朝，下駄箱のところでぐずっていたAくんが，週のうち何日かは機嫌よく登園する

ようになったのです。散歩もみんなの行く方向とまったく逆に走って行ってしまい、その対応だけで大変でしたが、担当の保育者となら抱っこされたり手をつないだり、時どき寄り道をしながらも散歩ができるようになりました。その頃から、担当の保育者に飛びついたり、抱っこを求めたりと甘え行動が日増しに増えていきました。

＊　＊　＊

母親とは、朝と帰りの送り迎えの際に、その日のAくんの状態を確認したり、園での遊びのようすについて話をしたり、ときには個人的な話題なども交えながらコミュニケーションを必ずとるように心がけました。はじめは表情が硬く、ほとんど「そうですか」「そうですね」といった返事しか返ってきませんでしたが、しだいに家庭での夫の育児に関する愚痴や仕事での苦労、ファッションや好きな食べ物の話題など、個人的な話題で会話ができるようになっていきました。そのような会話のなかで、以前から他の園児の保護者に「自閉症じゃないの？」とか「みんなと遊べないのね」などと言われ、辛かったことを話してくれました。

＊　＊　＊

母親が送り迎えをすることが多かったこともあり、父親とのコミュニケーションは定期的に行なっている面談のときしかありませんでした。しかし母親が本音を語り始めた頃から、父親も面談に同席するようになり、コミュニケーションの頻度が増して、Aくんとのあそびで苦労したり楽しんだりしているようすを笑顔で話すようになりました。その姿をかたわらで嬉しそうな表情でうなずきながら見ている母親の姿が印象的でした。今までなかなか夫婦でAくんへの思いを共有することができなかったようです。

＊　＊　＊

Aくんの通園している保育園は縦割り（異年齢）で活動することを積極的に取り入れていました。担当保育者が決まっていなかった頃は、自分の好きな遊具（ブロックが主）で一日中見立てあそびをしていることがほとんどでしたが、散歩に参加できるようになってから、面倒見のよい年長児のB子が何かと声をかけるようになったのがきっかけで、B子の言うことはよく聞くようになりました。Aくんが困った顔をしていると「○○なの？」「○

○って言いたいんだよね」など，B子がAくんの心情を代弁をしてくれるようになり，AくんもB子を頼りにしているようすでした。

＊　＊　＊

　AくんはB子のあとを追い，友だちのまねをしたり，B子の遊びをながめてニコニコと嬉しそうにしたりと，表情がとても明るくなりました。この頃から，言葉が単語から二語文に変化していきました。また，B子のあとについて自分の要求も「○○ください」「○○が欲しい」などと保育者に言えるようになってきました。ブロックあそびは大好きで，まわりの男児たちもB子とのかかわりを見ていて，いっしょに自分たちも遊びたいという思いが芽ばえたようで，男児たちから「いっしょにやってもいい？」「これどういうふうに作るの？」などとアプローチされるようになったことで，Aくんのまわりにはいつも何人かの男児が群がるようになりました。Aくんがふざけて笑う姿も多くみられるようになり，会話は少ないものの心が通じているようにみえました。家庭でも友だちの名前を何人も挙げて，「○○くん好き」「○○ちゃん好き」と言うようになりました。

＊　＊　＊

　Aくんは，3歳児検診では「自閉傾向があるが今後観察を」といった診断を受け，母親は不安で保育園に入園する前にいくつもの専門機関（公私）を訪れていました。しかし，母親との面談が開始されるまでその事実は明かされませんでした。その理由は，専門機関によって対応がさまざまで，いろいろな病名がつけられたということと，母親の養育態度についてかなり厳しい言及をされ，専門機関に対して不信感を抱いていたからでした。しかし，Aくんの小学校入学という将来を考え，もう一度専門機関（これまでに行ったところではない）に行ってみるように話を進め，保育者も専門機関まで同行するという形で受診することにしたためか，母親の不安は軽減されたようで，定期的な受診が実現しました。

＊　＊　＊

　Aくんは日増しに友だちとの関係が広がり，いっしょにゲーム遊びや身体を使ったルールのあるあそびも楽しめるようになっていきました。こだわりの行動（同じキャラクターの衣服や靴，ブロックが好き）は残っていました

が，集団生活はほとんどみんなといっしょにできるようになっていました。しかし給食では好き嫌いが激しく，少しでも臭いや食感が合わないと食べられないといった問題もまだ残っていました。

　保育園としては，小学校入学に向け，まずはソーシャルスキルを育成することに主眼をおきました。困ったときにはお願いができる，何か要求があればわかりやすく伝える，嫌いな食べ物は食べられないことを伝えるなど，Aくんができそうな課題から取り組み，小学校での集団生活に順応できることを第一に考え保育することにしました。家庭でもできることは，同じ方法で進められるように面談時に確認し，登園の際に進み具合や状況を確認するようにしました。

＊　＊　＊

　小学校の就学前健康診断が実施される頃，Aくんの両親はいくつもの小学校を見学に行き，専門機関にも何度も足を運び，「Aくんが楽しく学校生活が送れること」「Aくんにとって何が大切か」を主眼に，何か月も努力を重ねました。その結果両親は，「特別な配慮がある学級への進学」を言い出し，保育者のほうが驚きました。そしてときには保育者もいっしょに小学校を見学に行ったり，就学前説明会などにも参加し，その後無事入学することができました。入学後，給食が食べられない，体育館に入れないといった環境へのトラブルはあったものの，保育園と小学校が何回も情報交換をして，今では元気に学校生活を楽しんでいます。

＊考察

　Aくんの相談の経過は，Aくんの発達変化の経過と保護者の変化と保育者の関わり方の3点から紹介しましたが，このケースはさらにもう1人，スーパーバイザーという存在が関与していました。

　この事例では，カウンセリングでいうアセスメントとして，保育記録を見直し，情報を整理し，Aくんの発達を客観的に捉えることからはじめています。また，保育カンファレンスという形で，担当保育者，ときには保育者全員でカンファレンスを開き，共通理解を図りました。さらに，保育内容の検討ではAくんの行動をビデオ録画し，行動分析を行なって，Aくんの好きな行動，情緒が安定する行動といった視点で，Aくん自身にある資源の掘り

第4章 ● 援助的・治療的カウンセリング

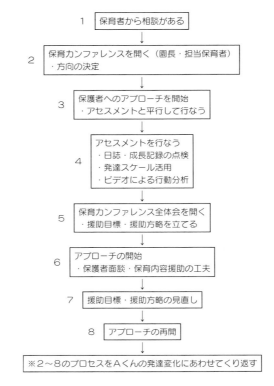

図4-2 保育者からはたらきかけて相談に持ち込んだケースの流れ

起こしを行ないました。このような多方面からのアセスメントをもとに、援助の方向を検討したことがその効果に大きく影響しているものと考えます（図4-2）。

(2) 事例：保護者から相談を持ちかけられたケース
＊対象：C子（5歳女児）
＊主訴：発達障害（アスペルガー症候群）が心配。
＊相談までの経緯
　C子は中途で4歳の時入園してきた女児です。入園にあたっての面接のなかで、すでに専門機関で「アスペルガー症候群」という診断を受け、これま

で通園していた幼稚園ではその発達障害を理解して受け入れていました。しかし、今回入園する幼稚園では、C子のように専門機関でしっかりと診断名がついた状態の子どもを受け入れるのは、はじめてのことでした。これまで、診断名はついていないものの、集団になじめなかったり、特異な行動をくり返したりする、俗に"グレーゾーン"と呼ばれている子どもは受け入れたことがありましたが、明らかな診断名に保育者はとまどっているようすでした。保護者は自分から積極的に専門機関に行き、子どもの障害を受け入れ、転入園でも診断名を隠すことなく、配慮を求める保護者だったため、レディネス（準備状態）がなかった幼稚園側から保育カウンセラーに相談が持ち込まれました。

＊相談の経過

　まず、母親と園長と担当保育者を交え、第1回目の面談を持つことにしました。面談では、これまでの幼稚園での生活のようす、アスペルガー症候群という障害の特徴、援助のうえでの特別な配慮等、幼稚園でのあそび・生活全般でのC子の現状を把握することを目的として話を進めました。母親は専門機関で定期的に集団療法を受けており、保育者よりもC子への対応のこつは十分に心得ていたので、それを教えてもらう形で第1回目の面談を終えました。面談終了後、保育者、園長、保育カウンセラーでカンファレンスを持ち、今後の保育方針の大筋について検討しました。第1のねらいとして、まずはC子と担当保育者との関係を構築することに主眼をおき、C子が新しい環境に少しでも早く慣れる配慮を重点的に行なっていくこととしました。

＊　＊　＊

　C子は予想以上に新しい環境に対して敏感に反応し、友だちとのかかわりはほとんど自分からしようとはしませんでした。ひとりでいることも多かったので、C子担当の保育者を暫定的に決め、その保育者中心にかかわりが持てるようにし、幼稚園での居場所づくりを心がけました。その結果、少しずつ保育者に自分の欲求を伝えるようになり、友だちの遊ぶ姿を距離をおきながら笑顔で見ている姿もみられるようになりました。しかし、集団生活の場ではいろいろなトラブルが発生しました。物の取り合いでけんかが起こった

り，C子にちょっかいを出しに来る子どもがいたりと，保育者1人では対応できないことも起こりました。そのような場面になるとC子はパニックを起こし，地団駄を踏んで奇声を発し，30分以上興奮状態になることもしばしばありました。

＊　＊　＊

　幼稚園での基本的な生活（登園する，着替える，お弁当を食べるなど）は自分でできても，前述のようなパニックが頻繁に起こるようになりました。このようなパニックが長く続くと心理的に不安定になるので，緊急のカンファレンスを開きました。そこで「アスペルガー症候群」について保育者全員で勉強会を開き，アスペルガー症候群の特徴である刺激への過敏な反応といった点への配慮を，保育のなかで強化しようという援助目標を立てました。また，対人距離のとり方が特異で，保育者でもあまり接近するとC子は緊張するので，物理的な距離も含め本人への刺激を極力少なくし，生活しやすい環境づくりをするようにしました。しかし，未だ「アスペルガー症候群」といった診断名にとらわれた視点でしか，C子の対応を考えられない保育者の姿がありました。

＊　＊　＊

　アスペルガー症候群という診断名にとらわれ，C子のパニックへの神経質なまでの配慮で保育者のストレスは頂点に達し，結果C子との信頼関係をうまく構築できない状態が続いていました。そこで再度，担当保育者，C子にかかわりのある保育者数名，保育カウンセラーとでカンファレンスを開き，C子への援助について再検討しました。

　検討した内容は，これまでのC子の行動記録を見直し，「C子がどのような場面で興味・関心を示していたのか」「C子は保育者とはどのような会話をし，どのような要求ならできていたのか」「友だちとの関係からC子が比較的いっしょにいる園児はだれか」など，C子を取り巻く幼稚園の人的・物的資源についてすべて見直しました。そして，C子という個人への積極的な理解とアプローチを中心に考えることにしました。当面，C子が興味を示していた縄跳びとままごとをできるだけいっしょにやり，そのなかでコミュニケーションを確立するといった目標を立てました。加えて，保護者との面談

　　　　　　　　　　　　　　　　　　　　　　　　2節　子育て相談の方法と実際

も開始し，家庭での不安の軽減とアスペルガー症候群の指導をしている専門機関との連携（双方で開催するカンファレンスや保育見学の協働）なども再考しました。

＊　＊　＊

　C子が興味・関心を示している「あそび」をキーワードに，保育者は常にC子のかたわらにいて見守り，ときには他の友だちとの仲立ちに入るなど，C子に負担がかからないようなかたちでC子のあそびを見守りました。すると以前はちょっとした刺激でもパニックを起こしていたのが，保育者が友だちとの仲裁に入り，パニックを起こしやすい状況を早めに察知して，C子に声をかける（予防的なかかわり）ようにしたところ，パニックの回数が減り，その時間も数分ほどと短くなって，カンファレンスの効果が表われはじめました。このような状況をくり返すうちに，C子は保育者に対する信頼感を高めていったようで，何か困ると保育者にSOSを発信するようにもなっていきました。

＊　＊　＊

　大好きなあそびは縄跳びとままごとでしたが，パニックも減ってきたので，もともと身体を使うあそびに興味を示していたC子を，保育者は鉄棒に誘ってみました。いっしょに並んで鉄棒にぶら下がったり飛びついたりしているうちに，自分から鉄棒に挑戦し，何度も何度も鉄棒に飛びつこうとして，ついにはその日のうちに飛びつきができるようになりました。その後は毎日鉄棒にチャレンジし，1週間で逆上がりができるようになりました。この努力を他の園児たちも見ていて，鉄棒をきっかけに他の園児たちがC子を尊敬するようになり，C子に声をかけて遊びに誘うようになっていきました。C子のパニックも，他の園児たちはどのような状況になると危ないかがわかってきて，保育者よりもそのタイミングを見計らえるようになり，いっしょに遊べるようになっていきました。C子の笑顔も増え，幼稚園での生活を楽しめるようになりました。ままごとでは，自分がレストランの主人となって，友だちに何を作るのか，どのような出し方をするのかまで指示をして，リーダーシップを発揮していました。

＊　＊　＊

C子の場合，診断を受けているという経緯から，専門機関が中心になって小学校選びやその手続きが進められたので，幼稚園としては幼稚園での生活を充実させることに努力を払い，専門機関のスタッフとは何度かミーティングを行なって，就学前の保育内容上の配慮などについて共通理解を図ることに努めました。C子は友だちと関われるようにはなっていましたが，コミュニケーションが往復する程度で，何度も相互に行き来するレベルでのコミュニケーションはまだできませんでした。そこで，次の言葉や次の会話のきっかけを保育者が仲立ちするかたちで，コミュニケーションの質的な向上を図るように心がけました。また，「ありがとう」「使ってもいいですか」「わかりません」といった対人関係を円滑にする言葉の使用も未熟だったので，その点を強化するような援助を心がけました。その結果，かたよりは気になるものの，ほとんど他の園児と変わりない状態で小学校に入学することができました。

＊考察

　C子のケースもAくんのケースと同様に，定期的に保育カウンセラーがスーパーバイザーとして保育現場に通い，カンファレンスに同席して，援助目標を立案したり援助の方向性を探りつつ，どのような方法でアプローチするかといった援助方略を検討しました。C子のケースの場合，中途で入園してきていること，すでにアスペルガー症候群という診断を受けているという点で，保育者のほうに何らかの障壁ができ，C子という子どもとの出会いではなく，障害を持った子どもといったレッテルが貼られた状態からの出会いであり，C子や保護者との信頼関係を築くことが困難だったケースといえるでしょう。また，すでに専門機関に指導を受けているという点も，幼稚園ではどの程度関与していったらよいのかといった協働の具体的な方向が見えず，C子への援助も中途半端になった結果，パニックが激しくなるという事態を招いてしまいました。

　このような，はっきりと発達障害という診断名がついている場合は，できるだけ専門機関にこちらから連絡をとり，連携を依頼することが大切です。また，第三者としてのスーパーバイザーといっしょにカンファレンスを開くことが現場の視点を客観化し，盲点の発見にもつながったと思われます（図

2節　子育て相談の方法と実際

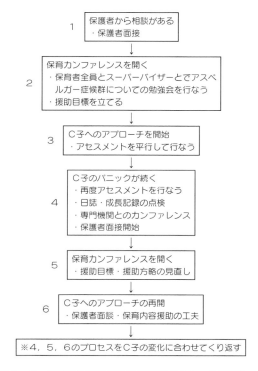

図4-3　保護者から相談を持ちかけられたケースの流れ

4-3)。

　保育者のはたらきかけで保護者が相談を持ち込んだケースと，保護者から相談を持ちかけられたケースの2つの事例を紹介しました。子育て相談は「子どもの問題」を核に，保護者から，保育者から，子育てアドバイザーなどの支援者から，子育て支援担当者からといろいろなかたちで相談が持ち込まれます。だれから持ち込まれたケースなのかということは，事例を読み取っていくうえでとても重要です。なぜならば，その子どもを取り巻く人的な資源として，相談を持ちかけてきた人物が実はキーパーソンとしてとても重要だからです。

　本書は事例からなるべく学んでいただきたいと考え，2つの事例を紹介し

ましたが,紙面の都合上すべての事例について検討できません。そこで,「事例検討」を中心に紹介している著書や本書を参考にしながら,いろいろな事例をさらに検討していくことをお勧めします。

4　子育て相談の留意点

● **相談に来たことをねぎらう**

自分の子育てのことが中心とはいえ,第三者に個人的な内情を相談すること自体勇気がいるものです。自分で解決しようと努力して,それでもうまくいかず,迷い,やっとの思いで決断し,第三者に援助を求めるということは,援助者からみたら些細なことでも,相談者にとっては最も苦しい局面であり,相談に行くという行為をとることだけでも大変なことなのです。そのような相談者の心情をくみ,相談に来てくれたことをまず最初に温かい言葉でねぎらうことからはじめましょう。

● **親の心情に寄り添う**

子育て相談の場合,自分のこと以上に相談者は深刻に,そして神経質になっていることが多いものです。自分のことならば何とでもできることも,わが子のこととなると自分が代わることはできません。問題を抱えているのは自分ではなくわが子であり,問題の解決も親として援助するかたちでしか関われないのです。こんなにも不安でもどかしいことはありません。どれほど心配で不安だったかといった親の心情にしっかりと寄り添うことです。「大変だったでしょう」「だれでも不安になりますよ」「辛いですよね」など,共感的な態度と言葉をかけながら寄り添い相談を進めることが,親との信頼関係構築の要となります。

● **「抵抗」をくみとる**

相談に来たにもかかわらず,なかなか話が進展せず,アドバイスを求める割にはまったく努力をしているように見えなかったり,相談を始めてから妙に距離感のある態度がみられたりといった,「抵抗」に出会うことがあります。自分から相談してくる場合は比較的少ないのですが,保育者やまわりの友人などから相談をすすめられた場合,相談に応じるどころか,問題などまったくなく,自分の子どもはそんなこととは無関係であるかのような態度をとり,保育者や

まわりの友人を避けるといった行動がみられることもあります。これは不安や緊張の表われで，問題がより深刻な場合が少なくありません。このような抵抗にあったときは，問題について直接的にアプローチするのではなく，間接的にその子どものよいところを探し，日常的にフィードバックし，まずは親に安心と信頼感を持ってもらえるような，ゆっくりとしたかかわりも求められます。

● その子どもの資源と可能性をいかす

どのような状況におかれた子どもでも，必ずその子どもの性格，気質，興味・関心の方向，対人関係のあり方の特徴，コミュニケーションのレベルなどいろいろな側面で「その子らしさ」といった，その子どもの資源（本来持っている力，内に秘めた力など）が眠っている場合があります。その子どもの表面に現われている問題や行動の特徴に目を奪われ，本来持っているその子どものよさを見逃したり，見落としている場合が少なくありません。子育て相談に来る保護者の大半が，目の前の問題で頭がいっぱいになっています。保育者も保育場面で同じような失敗や過ちを犯す場合があります。今見えているものにとらわれないで，ありとあらゆる可能性を探すために，子ども自身の持っている資源を，相談というプロセスから掘り起こすことが大切です。その子どもの個性を尊重した，資源をフルに活用した援助でなければ，本当の意味での支援とはなりません。その子にあった援助方法が必ずあるはずです。

●**解決法は親（養育者）が決める**

　子育て相談は，子育てに関わる問題を扱いながらも，その原因が家族全体の関係やその家族をとり巻く環境に起因している場合も少なくありません。子育て相談において，助言や情報提供，技術の伝達といった直接的な方法は即効性がありますが，問題の核心の解決にはいたらないこともあります。カウンセリングは問題の解決をクライエント自身に任せる立場をとっています。つまり問題の解決にあたっては，本人に決定権を委ねているのです。子育て相談も，どのような結果を求めどのように行動するかは，相談者自身で決めるような援助が求められるでしょう。

3節 その他の支援

1　家庭内で生じるさまざまな状況に対する支援

　子どもにとって家庭は何よりも重要な，自分の存在すべてに関わるものであり，成長し社会に自立していくことを支える大切な基盤です。一般的には，両親がいて安定した家庭生活が営めることが当然のように考えられ，保育現場でも家庭のあるべき姿をもとに，子どもの指導を考えています。しかし，社会状況の変化にともない，実際には家庭がさまざまな問題にぶつかり，子どもを支える安定した基盤になりきれない事態が生じているのが現状です。家庭が安定していないと，子どもは情緒面でも行動面でも大きな影響を受けます。このような場合の子どもの変化は，短期間で現われ周囲が気づき対応しやすい場合と，表面化しにくく周囲が気づかずにいて，時間が経過してから子どもの行動や対人関係面に現われる場合とがあります。本節では家庭で起こる問題について取り上げ，子どものために保育者が早く家庭の問題に気づき，どのように支援したらよいかについて述べていきます。

（1） 家庭で起こる可能性のある状況

●同居家族の病気

　家族構成員の健康は，子どもの生活に大きく影響します。短期の場合は状況がもとに戻れば影響は少ないことが多いのですが，療養が長期化したり入院をするような事態になると，生活が大きく変わることになります。

　家族が万が一死に至るような事態になれば，家庭環境は大きく変わらざるを得なくなります。病気だけではなく交通事故などの不慮の事態についても同様です。

●父母の離婚

　両親の離婚は，子どもに心理的にも物理的にも大きな影響を与えますが，離婚紛争中の家庭状況も，父母だけでなく子どもも強い緊張状態におかれることになります。

　父母が離婚に至るまでの過程を，原（2006）は以下の段階に分けています。

・第1段階：夫婦の一方が夫婦関係に不満や不安を感じ，離婚を考える段階
・第2段階：夫婦の一方が離婚を決意し，離婚意思を表明する段階
・第3段階：離婚協議の段階
・第4段階：離婚の諸条件の同意と，法的手続の成立段階

　子どもの年齢によって状況の受けとめ方は違いますが，どの段階にあっても親子ともにさまざまなストレスを経験することになります。

●一人親家庭

　父親または母親との死別や離婚などにより父子家庭や母子家庭になると，父母どちらかだけで家庭を支えていくことになります。一人親家庭が問題なのではなく，本来父母で支えるはずの家庭を，ひとりで支えているむずかしさを周囲が理解する必要があります。

●父母の再婚

　一人親家庭の場合，再婚して新しく父親または母親が家族として加わる，または一人親家庭どうしの再婚であれば，兄弟姉妹を含めて新しい家族が増えることになります。親の再婚によって新たな家族ができる場合，意識せずに家族

としての生活を営めるようになるまで，多くの乗り越えなければならない事態が起こる場合があります。

新たな家庭を築く場合，以下の段階が考えられます。

・第1段階：再婚までの交流の段階
・第2段階：再婚が決まり，同居または法的な手続きが成立する段階
・第3段階：同居し新たな生活が始まる段階
・第4段階：時間が経過し新しい家族関係が定着する段階

家族全員が新しい関係をつくるための努力が必要であり，場合によりそれが家族のストレスになることがあります。

●その他の家庭環境の変化

家族関係の問題とは別に，経済面での変化，転職，転勤，転居など家庭環境の変化も親子ともにストレスになる可能性があります。

(2) 子どもへの影響

大人が子どもを不安にさせないようにと配慮をしていても，家庭生活が安定していないと子どもにとって程度の差はあれ，それを肌で感じ不安を募らせることが多くなります。両親の病気や争いごとを目の当たりにしたり，家族のメンバーがいなくなったり新しい家族が増えたり，その他の家庭状況の変化があれば，心理的ストレスは強まることが予想されます。

このような状況になったとき，乳幼児期の子どもにどのような行動が見られるかを表4-2に示します。子どもは年齢により，事態の受けとめ方や理解の程度が異なります。

表4-2に具体的に示されているような，今までとは違う行動が見られたときには，注意深く見守ります。そして，保育所・幼稚園の生活のなかに心あたりがなく，原因が不明な場合は，家庭に何か変化がないかを確認する必要があります。

表4-2 注意深く見守らなければいけない子どもの行動

・母親から離れることに極端に不安を感じ，母親にしがみつく。
・落ち着きがない。
・イライラしている。
・乱暴な行動が増える。
・すぐに泣くようになる。
・ぐずる。
・極端にはしゃぐ。
・興奮しやすい。
・元気がない。
・今までできていた生活習慣ができなくなる（排泄の失敗等）。
・食欲がなくなる（乳児の場合ミルクの飲みが悪い）。
・食べ物に執着する。
・大人の顔色をみる。
・その他いつもと違う心身の状況がみられるとき。

（3） 対応の留意点

家族に確認する場合，以下のことに留意が必要です。

・家庭内の事情を話すことに抵抗があることも考慮に入れて対応する。
・子どもの具体的な状況を説明し，原因に心あたりがないか話を聞く。
・親を責めているのではないこと，心配していることを伝える。
・保育者もいっしょに対応方法を考えていきたいことを伝える。
・立ち話でなく，相談のための時間と場所を確保することも検討する。

家族と話し合った結果，家庭状況に原因がある場合は，おおよそ以下の2つの状況に応じた対応があります。

●家族親族の協力で対応が可能な場合

家族親族で対応が可能な場合は，以下の配慮が必要です。
・保育場面での子どもの不安を軽くするように配慮すること。
・子どもの心身の状況に通常以上に気を配ることを心がけること。
・家族との連絡を密にして，家族の話を聞き家族の気持ちをサポートすること。

●家族親族だけでは対応が不可能な場合

家族親族だけでは対応しきれない状況になっていても，どのようにしたらい

いのかわからない家族もかなりいます。公的な支援はその地域により支援方法や相談場所が違っているので，保育所・幼稚園のある地域の支援について概略を把握できていると，家族にアドバイスをしやすくなります。

家庭の状況に合わせて利用できるものとしては，以下のものがあります。

〈ファミリーサポートセンター〉
　子どもの送迎など，子育てに関する援助を希望する人と支援を希望する人が，会員組織をつくり地域のなかでお互いに助け合う有償のボランティア活動。
〈トワイライトステイ〉
　就労のため，保護者の帰宅が遅い家庭の子どもを預かる制度。
〈ショートステイ〉
　短期間（おおむね1週間程度）子どもが入所できる施設。
〈児童相談所一時保護所〉
　おおむね1か月程度入所が可能な施設。
〈児童養護施設〉
　家族が養育できない場合，家族に代わり養育する施設。

以上の制度や施設を利用する場合には，ファミリーサポートセンター，福祉事務所，児童相談所等への相談が必要になります。

家庭内に問題が生じると家族構成員の関係が不安定になる可能性があります。こうした家庭状況からおこる大きな問題として子どもの虐待とドメスティック・バイオレンスがあります。

2　子どもの虐待の防止と支援

子どもの虐待は子どもの生命に関わることや心身への影響が大きいことから，その防止については社会的に大きな課題となっています。

以前は「しつけ」ということで介入がむずかしかったのですが，2000（平成12）年5月に「児童虐待の防止等に関する法律（児童虐待防止法）」が公布され，同年11月20日から施行されてからは，児童相談所等関係者による介

3節　その他の支援

表4-3　子どもの虐待の定義（児童虐待の防止等に関する法律の一部を改正する法律より）

第2条
1　身体的虐待
　　児童の身体に外傷が生じ，又は生じるおそれのある暴行を加えること。
2　性的虐待
　　児童にわいせつな行為をすること又は児童をしてわいせつな行為をさせること。
3　ネグレクト
　　児童の心身の正常な発達を妨げるような著しい減食又は長時間の放置，保護者以外の同居人による前2号又は次号に掲げる行為と同様の行為の放置その他の保護者としての監護を著しく怠ること。
4　心理的虐待
　　児童に対する著しい暴言又は著しく拒絶的な対応，児童が同居する家庭における配偶者に対する暴力（配偶者（婚姻の届出をしていないが，事実上婚姻関係と同様の事情にある者を含む。）の身体に対する不法な攻撃であって生命又は身体に危害を及ぼすもの及びこれに準ずる身体に有害な影響を及ぼす言動をいう。）その他の児童に著しい心理的外傷を与える言動を行うこと。

入が行ないやすくなっています。この児童虐待防止法は3年に1度見直されることになっていて，2004（平成16）年には「児童虐待の防止等に関する法律の一部を改正する法律（児童虐待防止改正法）」が成立し，それにともなって児童福祉法が改正され，児童相談所だけではなく市区町村の窓口（福祉事務所）で通告を受理することや要保護児童対策地域協議会の設置についてなど児童虐待防止政策の充実が図られ，2011（平成23）年には民法が改正され，親権の一部停止ができるようになる等の改正が行われています。しかし，法律ができても虐待は家庭のなかで起こるため，依然として発見・介入がむずかしいこと，加害者が保護者であることから子どもの微妙な心理に配慮が必要であることなど，対応の困難さが大きな課題です。

(1)　子どもの虐待の定義

　児童虐待防止改正法では，第2条で児童虐待の定義を4つの行為類型に規定しています（表4-3）。また，表4-4は厚生労働省の「子ども虐待対応の手引き」に記述されている具体的な虐待の行為をまとめたものです。

(2)　子どもへの影響

　乳幼児の虐待には生命の危険があるほか，心身の発達に遅れが生じることや障害が残るなど影響は深刻です。また，情緒面や人間関係面にもさまざまな問題が現われてくるため，虐待の防止，早期発見，早期介入，さらに，その後の

表4-4　具体的な虐待行為 (厚生労働省, 2013)

身体的虐待	・打撲傷, あざ (内出血), 骨折, 頭蓋内出血などの頭部外傷, 内臓損傷, 刺傷, たばこなどによる火傷などの外傷を生じるような行為 ・生命に危険のある暴行とは首を絞める, 殴る, 蹴る, 叩く, 投げ落とす, 激しく揺さぶる, 熱湯をかける, 布団蒸しにする, 溺れさせる, 逆さ吊りにする, 異物をのませる, 食事を与えない, 戸外にしめだす, 縄などにより一室に拘束するなどの行為 ・意図的に子どもを病気にさせる など
性的虐待	・子どもへの性交, 性的行為 (教唆を含む) ・子どもの性器を触る又は子どもに触らせるなどの性的行為 (教唆を含む) ・子どもに性器や性交を見せる ・子どもをポルノグラフィーの被写体などにする など
ネグレクト	・子どもの健康・安全への配慮を怠っているなど 　例えば, (1) 重大な病気になっても病院に連れて行かない 　　　　　(2) 乳幼児を家に残したまま外出する 　　　　なお, 親がパチンコに熱中したり, 買い物をしたりするなどの間, 乳幼児等の低年齢の子どもだけを自動車の中に放置したり, 熱中症で子どもが死亡したり, 誘拐されたり, 乳幼児等の低年齢の子どもだけを家に残したために火災で子どもが焼死したりする事件も, ネグレクトという虐待の結果であることに留意すべきである ・子どもの意思に反して学校等に登校させない。子どもが学校等に登校するように促すなどの教育を保障する努力をしない ・子どもにとって必要な情緒的欲求に応えていない (愛情遮断など) ・食事, 衣服, 住居などが極端に不適切で, 健康状態を損なうほどの無関心・怠慢など 　例えば (1) 適切な食事を与えない 　　　　(2) 下着など長期間ひどく不潔なままにする 　　　　(3) 極端に不潔な環境の中で生活をさせる 　など ・子どもを遺棄したり, 置き去りにする ・祖父母, きょうだい, 保護者の恋人などの同居人や自宅に出入りする第三者が身体的虐待, 性的虐待又は心理的虐待に掲げる行為と同様の行為を行なっているにもかかわらず, それを放置する など
心理的虐待	・ことばによる脅かし, 脅迫など ・子どもを無視したり, 拒否的な態度を示すことなど ・子どもの心を傷つけることを繰り返し言う ・子どもの自尊心を傷つけるような言動など ・他のきょうだいとは著しく差別的な扱いをする ・配偶者やその他の家族などに対する暴力や暴言 ・子どものきょうだいに, 身体的虐待, 性的虐待, ネグレクト, 心理的虐待を行なう など

表4-5 子ども虐待評価チェックリスト（確認できる事実および疑われる事項）（厚生労働省，2013）

子どもの様子（安全の確認）	評価
不自然に子どもが保護者に密着している	
子どもが保護者を怖がっている	
子どもの緊張が高い	
体重・身長が著しく年齢相応でない	
年齢不相応な性的な興味関心・言動がある	
年齢不相応な行儀の良さなど過度のしつけの影響が見られる	
子どもに無表情・凍りついた凝視が見られる	
子どもと保護者の視線がほとんど合わない	
子どもの言動が乱暴	
総合的な医学的診断による所見	
保護者の様子	評価
子どもが受けた外傷や状況と保護者の説明につじつまが合わない	
調査に対して著しく否定的である	
保護者が「死にたい」「殺したい」「心中したい」などと言う	
保護者が子どもの養育に関して拒否的	
保護者が子どもの養育に関して無関心	
泣いてもあやさない	
絶え間なく子どもを叱る・罵る	
保護者が虐待を認めない	
保護者が環境を改善するつもりがない	
保護者がアルコール・薬物依存症である	
保護者が精神的な問題で診断・治療を受けている	
保護者が医療的な援助に拒否的	
保護者が医療的な援助に無関心	
保護者に働く意思がない	
生活環境	評価
家庭内が著しく乱れている	
家庭内が著しく不衛生である	
不自然な転居歴がある	
家族・子どもの所在が分からなくなる	
過去に虐待歴がある	
家庭内の著しい不和・対立がある	
経済状態が著しく不安定	
子どもの状況をモニタリングする社会資源がない	

評価　3：強くあてはまる　2：あてはまる　1：ややあてはまる　0：あてはまらない

（3） 保育所・幼稚園の役割
●虐待の第一発見者として

　保育所は，生活場面として長時間子どもに接することができるため，虐待の発見の機会は多くなります。保育者が虐待の兆候を見逃さないことが虐待防止の第一歩となります。厚生労働省「子ども虐待対応の手引き」の「子ども虐待評価チェックリスト（確認できる事実および疑われる事項）」を参考に表4－5に示します。

　気づきのポイントとしては以下の3点があります。

　　・子どものようすが心配
　　・親のようすが心配
　　・親子関係・生活が心配

　虐待の中でも，身体的虐待とネグレクトについては保育場面を通して気づきやすいのですが，性的虐待と心理的虐待については気づきにくいといえます。

●家族を見守る日常の援助者として

　気づきのポイントで何かおかしいと感じたときは，表4－5のチェックリストや各自治体が作成している対応マニュアルにあるチェックリストなどを参考にするとともに，以下のことに留意しながら子どもと家族に対応し見守ることが必要です。

　　・子どものようすをよく見て，かかわりを増やす。
　　・子どもの気持ちに配慮しながら，家庭のようすを聞く（子どもに話すことに抵抗がある場合は，無理に聞き出さず経過を見守ることもある）。
　　・家族と話す機会を増やし，関係を深めていく。
　　・母親のみでなく，可能であれば父親とも話しあえる機会をつくる。
　　・家族を非難したり注意を与えるのではなく，話を聞くことから始める。

家族との関係が持てないなど状況が困難なときや変化がみられないときは，無理をせず市区町村の通告窓口（福祉事務所）や児童相談所へ通告をするようにします。

　また，幼児に対する性的虐待についても対応がむずかしいため，十分に注意を払わなければなりませんし，できるだけ早い時期から市区町村の相談窓口や児童相談所と相談しながら対応することが求められます。

　児童虐待防止改正法では，学校，児童福祉施設，病院その他児童の福祉に業務上関係のある組織や団体および教員や職員等は，虐待の早期発見に努めること（第5条），虐待を受けたと思われる児童を発見したときは，速やかに児童相談所や福祉事務所等に通告しなければならない（第6条）とされています。

　しかし，保育現場の実情からすると，虐待の兆候がみられたらすべて相談機関に通告するということにはなりません。兆候の現われ方により親や子どもへの対応も違ってきます。

　ここでは以下の3項目に分けて対応を考えます。

- いろいろと問題を抱えていて気にかかる家庭
　　保育者が子育て支援として家族にアドバイスをして問題が解決することも多く，早期に的確なアドバイスができれば，虐待防止にもつながっていきます。
- 虐待の兆候がみられる家庭
　　判断がむずかしいため，子どもと家族の状況を注意深く見守る必要があります。この場合の留意点は，以下の「通告義務者として」と同じになります。
- 危険な状況の家庭
　　相談機関へ通告し，保育所・幼稚園がどのような役割を果たしたらいいのか関係機関との話し合いが必要になります。

●**通告義務者として（通告の判断と対応の留意点）**

　保育者が虐待の兆候と思わないことや，不審に感じても虐待の兆候であるかどうか判断に迷うことがあります。子どもや家族に気になることがみられた場合は，根底に虐待がある可能性を考え，情報を集めていくことが重要です。

虐待の判断，通告については以下のことを注意して行ないます。

- 1人の保育者が虐待かどうかを判断せず，気にかかることがあれば複数で確認，協議して判断する。
- 通告する場合，個人ではなく保育所・幼稚園として通告する体制を整える。
- 通告をせず保育所・幼稚園で見守る場合には，園内での見守りの体制を確認し，担任をサポートできるように園全体で対応する。
- 保護者に対しては，非難するのでなく支援することを中心にして，話し合う機会を多く持つようにする。
- 子どもや親の状態や行動の記録をできるだけ詳細にとっておく。

児童虐待防止改正法では「虐待を受けたと思われる」となっていることから，判断に迷うことを通告時に伝えて，相談機関に判断を委ねることができます。ただし，相談機関に状況を詳しく説明し慎重な協議が必要です。

通告先は市区町村の相談窓口（福祉事務所），児童相談所などが児童虐待防止法で決められていますが，都道府県，市町村が各地域の状況に合わせた子どもの虐待防止対応のマニュアルを作成していることが多いので，前もって確認する必要があります。また，厚生労働省も前述したように「子ども虐待対応の手引き」を作成しています。

通告をした場合，次のような体制に分かれます。

① 児童相談所等がすぐ動き，子どもを家庭から分離する。
② すぐに子どもを家庭から分離するのではなく，相談機関が家族にはたらきかけながら経過を見守っていく。
③ 相談機関が家族とは接触しないで，保育所，幼稚園，学校を中心にして経過を見守っていく。

どのような対応をとるかは，虐待の状況によって違ってきます。

● **地域における子どもと家族の支援者として**

平成20年度に全国児童相談所長会が4月から6月の3か月間に全国の児童

3節　その他の支援

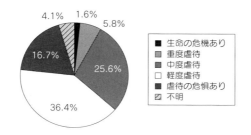

平成20年全国児童相談所調査結果より（平成20年4月～6月の虐待相談8,108件について）
図4－4　虐待の重症度別割合

表4－6　児童相談所の虐待相談への対応状況（厚生労働省統計より）

	施設入所等 （児童養護施設 ＋乳児院）	里親委託等	その他施設	相談対応件数
平成21年度	3,099人 (7.0%)	282人 (0.6%)	620人 (1.4%)	56,384件 (100.0%)
平成22年度	3,308人 (5.9%)	312人 (0.6%)	739人 (1.3%)	56,384件 (100.0%)
平成23年度	3,410人 (5.7%)	439人 (0.7%)	650人 (1.1%)	59,919件 (100.0%)
平成24年度	3,344人 (5.0%)	429人 (0.6%)	723人 (1.1%)	66,701人 (100.0%)
平成25年度	3,286人 (4.5%)	390人 (0.5%)	789人 (1.0%)	73,802件 (100.0%)

施設入所等で地域から離れる子どもは6％，94％は地域で暮らしている

　相談所が受理をした虐待相談8,108件の調査を行ないました。そのなかで虐待の重症度を調査した結果，生命の危機あり1.6％，重度虐待5.8％，中度虐待25.6％，軽度虐待36.4％，虐待の危惧あり16.5％でした。児童虐待にはいろいろな程度があり，虐待死の事例がすべてではありません（図4－4）。
　また，厚生労働省の統計によると，平成25年度全国の児童相談所が受けた児童虐待相談対応総数は73,802件，そのうち施設入所（里親委託を含む）は4,465人（6％）です。つまり，子どもの虐待相談の94％は地域で暮らしてい

る家庭です（表4-6）。地域には虐待を受けた子どもとその家族を見守り，支援をしていく役割があります。保育所・幼稚園も子どもの虐待の発見と通告を行うだけではなく，市町村の相談窓口（福祉事務所）・児童相談所や関係機関と連携して支援をしていく役割があります。

　2004（平成16）年に改正された「児童福祉法」では，虐待を受けた子どもをはじめとして保護が必要な子どもについて，関係機関が連携するための「要保護児童対策地域協議会」を地域ごとに設置するようになっています。詳しくは本節の4-(1)を参照してください。このような協議会のなかで協議を行なうことで，保育所・幼稚園だけの判断ではなく，関係機関と連携して対応していくことができるようになることが期待されています。

3　ドメスティック・バイオレンスへの支援

　ドメスティック・バイオレンス（DV：Domestic Violence）は，子どもの虐待とならび社会問題になっている家族間暴力です。家族間暴力は家庭内の出来事のため第三者や公的機関が関わることがむずかしく，関係者は長い間，事態への介入に苦慮していました。DV は「夫婦ゲンカ」として扱われることが多く，問題として取り上げられにくい状態が続いていました。しかし，「配偶者からの暴力の防止および被害者の保護に関する法律（DV防止法）」が2001（平成13）年4月に公布，同年10月13日に施行され，関係者の介入がかなりできるようになりました。なお，DV防止法も児童虐待防止法と同じく3年に1度の改正が行なわれ，2013（平成25）年まで3回改正されています。

　一般的にDVというと，夫（父親）から妻（母親）への暴力が中心に考えられていますが，この法律では妻（母親）から夫（父親）への暴力も対象になっています。ここでは一般的な父親から母親への暴力を中心に述べていきます。

(1)　DVの定義

　DV防止法第1条によると，DVとは「配偶者からの身体に対する暴力（身体に対する不当な攻撃であって生命又は身体に危害を及ぼすものをいう）又はこれに準じる心身に有害な影響を及ぼす言動」としています。具体例を表4-7に示します。離婚前に暴力を受け，離婚後にも暴力を受けている場合も含ま

れます。なお，2013（平成25）年改正で，生活の本拠を共にする交際相手や元生活の本拠を共にする交際相手も対象になっています。

（2） 子どもへの影響

DVは子どもから見ると父親から母親（または，母親から父親）への暴力であり，それを見て育つ子どもへの影響は深刻です。前述の2004（平成16）年に成立した児童虐待防止改正法では「児童が同居する家庭における配偶者に対する暴力」を心理的虐待に位置づけています（表4-3参照）。さらに，子どもに暴力が及ぶことも多く，身体的虐待になっていることも多くみられます。

安全で安心できる家庭生活が送れないための心理的ストレスは，子どもの情緒面，行動面，対人関係面に大きな影響を与えます。子どもに現われる具体的な行動については，表4-2と同じようなことを注意する必要があります。

表4-7　DVの具体例（内閣府男女共同参画局，2015bより抜粋）

身体的暴力	・平手で打つ。 ・足でける。 ・身体を傷つける可能性のある物でなぐる。 ・げんこつでなぐる。 ・刃物などの凶器をからだにつきつける。 ・髪をひっぱる。 ・首をしめる。 ・腕をねじる。 ・引きずりまわす。 ・物をなげつける。
精神的暴力	・大声でどなる。 ・「誰のおかげで生活できるんだ」「かいしょうなし」などと言う。 ・実家や友人とつきあうのを制限したり，電話や手紙を細かくチェックしたりする。 ・何を言っても無視をして口をきかない。 ・人前でバカにしたり，命令するような口調でものを言ったりする。 ・大切にしているものをこわしたり，捨てたりする。 ・生活費を渡さない。 ・外で働くなと言ったり，仕事を辞めさせたりする。 ・子どもに危害を加えると言っておどす。 ・なぐるそぶりや，物をなげるふりをして，おどかす。
性的暴力	・見たくないのにポルノビデオやポルノ雑誌をみせる。 ・いやがっているのに性行為を強要する。 ・中絶を強要する。 ・避妊に協力しない。

暴力の影響として考えられることは，子どもが父母の間に愛着と暴力が同時に存在する関係を見ているため，暴力をコミュニケーションの手段として学習してしまい，同じような行動をとってしまう可能性があることです。子どもへの影響は年齢によっても異なり，現われ方もさまざまです。DVの場合，被害者が親ということで，支援について大人中心に考えやすいところがあります。しかし，子どもにとっても危機的な状況で影響は重大です。親の問題とせず子どもへの影響に配慮した見守りや支援の視点が必要です。

（3） 相談機関について

DVは被害者や子どもにとって深刻な問題ですが，家庭内で起こっている夫婦間の問題のため真相がわかりにくく，対応には専門的な知識や技術が求められます。被害者から保育者に相談があった場合，専門相談機関を紹介することが望まれます。

専門相談機関としては，配偶者暴力相談支援センターがDV防止法に基づき都道府県に設置されていて，全国的に婦人相談所（女性センター）がその機能を果たしています。ただし，危険度が高い場合は，警察への連絡を被害者に促したほうがよい場合もあります。

● 配偶者暴力相談支援センター

配偶者の暴力の防止および被害者の保護のため以下のことを行なっています。

・相　　談：被害者の悩みや迷い等も含めて話を聞き，状況に応じた助言を行なう。
・一時保護：緊急避難が必要なとき，無料で利用できる施設。生活用品や衣服も支給されるので，何の準備もない緊急時でも対応が可能。同伴の子どもも利用が可能だが，年齢等により児童相談所の一時保護所を利用する場合もある。
・支　　援：カウンセリングなど心理面，医学面のサポートが受けられる。また，安全面への配慮等の支援を受けられる。
・情報提供：緊急避難の方法，一時保護について，保護命令，離婚等について，および，家を出たあとの生活や就職など，自立に向けての支援の情報を提供する。

3節　その他の支援

- ●警察
  - ・暴力の防止
  - ・被害者の保護
  - ・被害発生防止のための必要な措置・援助
- ●市区町村の相談窓口（福祉事務所の婦人相談員や母子自立支援員，女性センター等）
  - ・自立支援
  - ・母子生活支援施設への入所
  - ・保育所への入所
  - ・生活保護の対応
  - ・児童扶養手当の認定
- ●民間団体

相談機関の状況は，都道府県市区町村によって取り組み方が異なるため，地域の機関がどのようになっているのか確認が必要です。

(4)　保護命令について

配偶者から生命又は身体に重大な危害を受けるおそれが大きいときに，被害

表4-8　保護命令の種類（内閣府男女共同参画局，2015aより抜粋）

退去命令	配偶者に，被害者とともに住む住居から退去することを命じる 期間　2か月
被害者への接近禁止命令	・被害者の身辺に付きまとう ・被害者の住居，勤務先等の付近を徘徊する 期間　6か月
被害者の子又は親族等への接近禁止命令	（被害者本人への接近禁止命令の実効性を確保するため） ・被害者の子又は親族の身辺に付きまとう ・被害者の住居，勤務先等の付近を徘徊する 期間　6か月 （被害者本人への接近禁止命令が発令されている間に限る）
電話等禁止命令	（被害者本人への接近禁止命令の実効性を確保するため） ・被害者に対する面会の要求・監視の告知・乱暴な言動 無言電話・FAX・メール送信・汚物等の送付・名誉を害する告知・性的羞恥心の侵害 期間　6か月 （被害者本人への接近禁止命令が発令されている間に限る）

者からの申し立てにより地方裁判所が配偶者に対して,保護命令を出します(表4-8参照)。

(5) 対応の留意点
● **保育者が相談を受けた場合**
- 結論を保育者が出さない。
- 相談機関の利用を勧める。
- 母親の気持ちを尊重する。
- 具体的な行動についてはアドバイスしないで母親の選択,決断を待つ。

保育者が相談機関を紹介しても,自分自身の問題を相談することを躊躇する母親もいます。このような場合は,子どものことを中心にして児童相談所や保健所(保健センター)への相談を勧め,母親自身の気持ちの整理を促します。また保育所を含め関係機関が連携して見守る方法についても検討します。

● **母子が家を出た場合**
- 加害者が家族を探し出すために保育所に来る場合もあるので,避難先の情報などは必要最小限の人が知るにとどめる。
- 対応の方法は専門機関と打ち合わせ,関係機関との協議を綿密に行なう。
- 保育所内でも対応について話し合い,情報管理を徹底する。
- いったん避難しても再度家に戻るケースもあり,そのような可能性にも配慮した対応が求められる。

4　家庭で起こる問題に対応するための基本的考え方

保育現場にとって家族への支援のむずかしさは,子育て支援でも虐待の発見でも,家庭のなかに立ち入っていかなければならないことです。さらに,虐待の発見では虐待と判断することのむずかしさがあります。また,DVは夫婦間の問題であり専門的な知識が必要です。そのため保育担当者のみでの対応は負担が大きすぎ,的確に対応できなくなることもあります。こうした事態を防ぐためにも,以下の体制がとれることが望まれます。

● **保育所・幼稚園全体で対応する体制づくり**
- ケース会議を開き,担当者のみの問題とせず全員で対応を考える。

- 会議では担当者のできなかったことの指摘だけにならないようにする。
- 担当者が，家族や子どもと対応する時間をつくることができるような配慮をする。
- 問題のある家庭に対しては基本的には複数で対応する。
- 担当者の精神的なサポートに配慮する。

● **保育所・幼稚園と関係機関の連携**

　保育現場の支援だけでは解決できない家庭の問題も多いので，関係機関との連携が重要になります。

　困難な家庭問題は，地域全体で対応していく体制をつくり，各組織ができることを役割分担し協働していくことが，子どもと家庭への支援につながっていく有効な手段になります。

　そのための協議の場として要保護児童対策地域協議会があります。

(1)　要保護児童対策地域協議会（子どもを守る地域ネットワーク）

　児童福祉法第25条の2によって，都道府県と市区町村に設置することをつとめるように求められていて，現在ではほぼすべての市区町村に設置されています。対象は子どもの虐待だけではありません。要保護児童，要支援児童，特定妊婦など養育環境に何らかの問題を抱え，それを放置すると養育困難になる可能性のある家庭が対象になります（表4-9参照）。

　このような状況にある子どもたちを早期発見し，適切な対応や支援をできるように地域の関係機関が連携することで，子どもの虐待や非行の防止を目的としています。この会議には守秘義務が課せられていて，参加者は情報交換ができるようになっています。調整機関は市区町村が担当します。保育所・幼稚園は該当する子どもがいれば，この会議のメンバーとして参加し，他機関と連携

表4-9　要保護児童対策地域協議会の対象（児童福祉法第6条より）

要保護児童	保護者のない児童又は保護者に監護させることが不適当であると認められる児童
要支援児童	保護者の養育を支援することが特に必要と認められる児童（要保護児童に該当するものを除く）
特定妊婦	出産後の養育について出産前において支援を行うことが特に必要と認められる妊婦

第4章 ● 援助的・治療的カウンセリング

して子どもと家庭への支援のための役割を担うことになります。

　保育担当者は，問題が起こった時に保護者と話し合うのではなく，日ごろから日常のことで家族との交流ができていることが基本になります。家庭との信頼関係ができていれば，緊急時に家庭の問題について保育者として立ち入りやすくなり，家族と子どもへの支援を行なえることになります。

　子どもの虐待やDVの背景は複雑でありまた重症度もいろいろです。むずかしい状況にある親子にとって，保育者が支援と考えても当事者にはそうとは受け取れないことも多く，通常の保育や指導の考え方だけでは対応できないことも起こる可能性があります。保育者として支援に取り組む場合，子どもの虐待やDVについての基礎知識，対応の仕方，支援方法などの理解が必要になります。そのためには，研修会や事例検討会への参加，書籍などの文献を通しての自己研鑽を積む努力が求められます。

第5章 教育的・開発的カウンセリング

1節 構成的グループエンカウンターの活用

　全国的に出生率が年々低下し，少子化が進んでいることを保育現場において痛切に感じています。一人っ子やきょうだいがいても1～2人，さらに近所には同じ世代の友だちが少なく，子どもどうしがかかわって遊んだり，他の子と接する機会が失われています。最近では不審者から子どもを守るということで，外に出すことを禁じている地域も多く，保育所・幼稚園は家庭以外に人間関係を学ぶ貴重な場所となります。また核家族の親にとっても，社会の大きな変化にとまどい，子どもを育てることのむずかしさを感じることが多くなっています。このようななかで保育者の果たす役割は大きく，保育者の資質の向上とカウンセリングの導入が望まれています。

　構成的グループエンカウンターは，心と心のふれあいを深め，自己の成長を図ろうとするグループ体験であり，人間関係づくりのほかに道徳教育，人権教育，学習指導にも活用できるカウンセリングとして注目されています。

1　構成的グループエンカウンターとは

　構成的グループエンカウンター（SGE：Structured Group Encounter）は，國分康孝と國分久子が1970年代後半から提唱・実践しはじめたカウンセリング法です。
　Structured：構成的という意味で，場所・人数・内容・時間などの「枠」の

こと
Group：2人以上の集団
Encounter：出会い

國分康孝はある講義のなかで，SGEについて以下のように述べています。

「SGEは，"高級井戸端会議"とも言える。何を話すか意識し，意図的に考え，職業や年齢を超えた心の交流がある。また1対1の"治すカウンセリング"ではなく，集団を対象にした"育てるカウンセリング"であり，すべての教育者が行なうことができる。集団カウンセリングは，効率的で効果がある。なぜなら人生を通過するのに遭遇するであろう問題（発達課題）を解きながら成長するのを援助するとき，共通する問題が多く，個別面接よりみんなを集めて集団で行なったほうがよい。そのような意味で予防的・開発的カウンセリングである」。

実際，保育所や幼稚園において「友だちと遊べない」「友だちの持っている物をすぐ欲しがる」という子ども，「子どもを叱れない」「転勤してきて友だちが欲しい」という保護者，「クラスの子どもたちが落ち着いて話を聞けるようにしたい」「保護者とうまく関われるようになりたい」という保育者も多くいます。それらは個別カウンセリングを受けに行くほどの悩みや問題ではないと考えられますが，子どもが成長する過程で，また親が子どもを育てる過程で，保育者が保育するなかで起きてくる共通の問題です。SGEはこのような問題に積極的にアプローチするもので，①短時間で信頼関係をつくることができ，②メンバーの能力や状態によってグループ体験のレベルや進度を調節できる，という利点があります。

以下SGEの原理と方法を述べ，次に「青森保育カウンセリング研究会」で実践しているSGEを紹介したいと思います。

（1） SGEの定義

ふれあい体験と自己発見を促進し，個人の行動変容を目的としています。ふれあいとは，ホンネとホンネの交流のことで，自分のホンネに気づく，気づいたホンネを表現・主張する，他人のホンネを受け入れることです。自己発見とは自己盲点に気づきそれを克服することです。

（２） SGEの種類

SGEには以下の２つの種類があります。

● ジェネリック

SGEの基本で，参加メンバーの「行動変容」（自己啓発，自己改革，究極的には人間成長など）を目的とする「構成」された集中的グループ体験です。参加メンバーは２泊３日や３泊４日などの合宿で，文化的孤島（未知集団）を形成します。また，ペンネームをつけることで職場や世間一般を脱却して，他人の人権を侵さないかぎり「ありたいようにある」ことを許容されます。対象は健康な成人なので，参加者の内面を揺さぶるようなエクササイズを行ない，リーダーが積極的に介入することもあり，教育分析効果があります。

【例】

「２人１組で聞き合う」

相互に関心を持ち合い，質問するということで好意を相手に伝えます。相手についてもよく知ろうとします。

「共同絵画」

非言語で，共同で絵を仕上げることによって，自分のなかに起こってきた感情に気づくものです。

● スペシフィック

学習者の教育課題の達成を目的としています。対象は児童生徒，学生，企業人です。授業・生活指導の一場面や，養護学校・ピアサポートのある部分で実施されています（既知集団）。学習者の内面を揺さぶるようなエクササイズはあまり行ないませんが，当該校や会社の教育方針や，教育目標の実現に貢献できるようなエクササイズが豊富にあり，かつバリエーションを持たせて開発されています。

【例】

「四つの窓」

リーダーがある質問（たとえば，好きな色は何か）をします。メンバーは，部屋の四隅に掲示された物のなかから，自分の答えに近いと思うところへ移動し，選んだ理由を同じ答えの人どうしで話し合います。

「サイコロトーキング」

順番にサイコロを振り，出た目の話題について話をします。

(3) SGEの進め方

SGEの流れは以下のようになります。

> ①インストラクション（導入）
> まず，リーダー（教師）が目的・やり方・留意点を説明します。必要に応じてデモンストレーションを行なうこともあります。
> ②ウォーミングアップ
> 緊張感をなくすために，雰囲気づくりをします。
> ③エクササイズ（演習）
> 「思考」「感情」「行動」のいずれかに刺激を与える課題を展開させます。
> ④シェアリング
> エクササイズをとおして，気づいたり感じたりすることをふり返り，伝え合い，共有し分かち合います。
> ⑤インターベンション（介入）
> ねらいからはずれた行動がみられたり，心的外傷のおそれがあると感じられたら，リーダーが割り込み指導します。

進行役のリーダーにはどのような人が適任なのでしょうか。おもな項目を以下に挙げます。

- 人生に対して肯定的であること。
- 人に対して無条件の信頼感が持てること。
- 人に語れる哲学・生き方を持っていること。
- 自分の感情をセルフコントロールできること。
- おもな役割としての，「集団目標の具体的設定」「役割の明確化と役割遂行」「一人ひとりへの心配り」があること。

また，実際に行なう前に参加者全員に以下の留意点を説明し，理解してもらい，より有効な活動にしましょう。

・相手の世界を強要しないこと。
・参加したくないとき，話したくないときにはパスができること。
・他人の発言は最後まで静かに聞くこと。
・他人の発言を冷やかしたりばかにしたり否定したりしないこと。
・簡単なものからむずかしいものへ段階を追って行なうこと。
・ゲーム感覚だけで終わらせず，いろいろな心模様に気づいていくこと。
・聞いたことを，あとで他人に言いふらさないこと。

2　保育にいかすSGE

（1）　保育現場でのSGE

2009（平成21）年4月に施行された「幼稚園教育要領」「保育所保育指針」，2015（平成27）年4月に施行された「幼保連携型認定こども園教育・保育要領」のいずれにも，人間関係の項目において身近な保育者との信頼関係を構築したうえで，望ましい友だち関係をつくるねらいや内容が記されています。

入園当初は子ども対保育者（担任）の関係ですが，やがて保育者を介して友だちと関わり，しだいに保育者がいなくても子どもどうしで遊ぶことができるようになります。4・5歳児になると，主体的な活動や友だちとの共同活動や協力することの大切さを学ぶようになります。保育者は子どもたちの発達課題の達成を促進していますが，SGEのリーダーとしてふれあいのある人間関係を体験させることで，子どもたちが自分への自信を持ち（自己肯定感），友だちのこともよくわかろうとするようになり（他者理解），自分も友だちもクラスのなかでかけがえのない存在であることも認識できるようになります。

保育のなかでSGEを実施することは，自立心の芽ばえと子どもたち一人ひとりの豊かな感性と他者を思いやる想像性の育成となり，クラスのまとまりにもつながります。それはお互いに関心を持ちあい，今まで気づかなかったことを友だちとのかかわりで気づかされ成長するという，「個」が「集団」のなかで育つということを表わしています。つまり，社会性・協調性・集団の育成に

つながるのです。

SGE は具体的には次のような場面で行なうことができます。
- ふだんの保育のなかで：朝の集まり，帰りの会，一斉活動
- 行事のなかで：お泊まり保育，保育参観
- その他：登園しぶり，仲違(たが)いがあったとき，物の取りあいがあったとき

（2） 進め方

①インストラクション

　　保育の導入にあたるもので，どんなことをするかわかりやすく説明します。

②ウォーミングアップ

　　なじみのある歌や手あそび，絵本を使うことで興味や関心を持たせます。

③エクササイズ

　　ふだんの保育活動につながるものを行なったり，視覚教材（絵本・紙芝居・ビデオ）を使うことで参加しやすくします。また発達に合った内容と言葉づかいに配慮し，実際に行なってみることで，理解させることができます。

④シェアリング

　　必要に応じて保育者が，モデルを見せたり代弁したりすることがあります。

【例】
- 「どのように思ったの？」「どんな気持ちがした？」など簡単な質問をし，それに答える。
- 「楽しかった人はバンザイして（または○をつくって）！」「楽しくなかった人は×をして！」などと両手で表現する。
- 「くすぐったい人はこれくらい」「うれしい人はこれくらい」「うれしくない人の気持ちはこれくらい」と思いを代弁しながらスケーリングクエッション（測り・目盛り・尺度を用いた開かれた質問技法）を行なう。
- うれしいときは元気に鈴を鳴らし，悲しいときは静かにトライアングルを鳴らすなど楽器を使用する。

・時間がないときは，互いに顔を見て「ありがとう」と感謝を表わす。
⑤リーダー（教師）は全員が見え，大きな声を出さなくてもよい距離に立つ。
⑥参加したくない子どもは無理に参加させずに，拍手係・紙を配る係などの役割を与えるなどの配慮をする。

（3）園児への説明

　エクササイズというのは，ゲームに似ていますが，ただ楽しいとか，がんばって勝たなければならないというものではありません。自分のことがよくわかったり，友だちのことを今まで以上にわかって，みんなと仲良くなるために行ないます。エクササイズには約束ごとがあるので，始める前にリーダー（教師）がやり方を話し，「うまくいかなくても大丈夫です。どうしたらよいかわからないときは，手を挙げて"わからないので教えてください"と聞いてください。終わったら，どんな気持ちか話してください」と伝えます。このようにみんなといっしょにエクササイズを行ない，いろいろなことを感じることを，構成的グループエンカウンターといいます。

（4）留意点

　SGEを進める場合，年齢や興味関心・個々の発達をふまえてプログラムを決めなければならないのですが，年齢が低いほどソーシャルスキル（対人関係のハウツー訓練）的なものが多くなります。また，言語による表現や理解力が未熟なため，声かけや説明は簡単・明瞭で，短くするなどの工夫が必要です。ときには保育者が子どもの感情や思いを代弁し，ネガティブな感情をうまく伝えていけるように援助する必要もあり，大人や小中高生対象に行なう場合とはだいぶ違ってきます。
　またスキンシップを大量に入れられるのが，幼児対象のエクササイズの特徴ですが，力加減がわからず相手に痛い思いをさせたり，ふざけて相手にいやな思いをさせることもあるので，よく観察する必要があります。

（5）幼児を対象としたSGEの事例

　幼児を対象とした保育現場でのSGEの事例を紹介しましょう。

第5章 ● 教育的・開発的カウンセリング

● **事例：握手でよろしく**
＊保育のねらい：スキンシップをしながら挨拶を交わすことで，心や体の緊張をほぐす。
＊SGEのねらい：保育者や友だちとのリレーションづくり。
＊時期・時間：新年度，学期始め，朝の会　5分〜15分
＊場所：保育室
＊対象児：3〜5歳児
＊形態：自由または一円に座る
＊準備：絵本（『はじめまして』新沢としひこ（作）大和田美鈴（絵））
＊保育計画のなかの環境構成
　クラスの子どもたちが保育室に集まってから，絵本『はじめまして』の読み聞かせをします。曲がついているので2回目は歌いながらページをめくると，より関心を持ちます。

　　　　♪　はじめましてのごあいさつ　　　ねこやまたろうともうします
　　　　　　おひげがぴんぴんはえています　どうぞこれからよろしくね

＊SGEの流れ
　①インストラクション
　　「先生や新しい友だちと挨拶をして仲良しになりましょう」と呼びかけます。
　②ウォーミングアップ
　　3歳児　「先生がお友だちの名前を入れて"はじめまして"を歌いますから，名前を言われた人は手を挙げてね。みんなは，手を挙げたお友だちの顔を見てね」と話します。
　　4歳児　「"これから　よろしくね"と言って友だちと握手をしましょう」と声をかけ，保育者がデモンストレーションをし，「お友だちの手を無理に引っぱらないように」など，握手をする際の注意をします。
　　5歳児　「自分の名前を言ってから，"どうぞ　これからよろしく"と言いましょう」と話し，相手の顔を見て挨拶をするように助言します。

③エクササイズ
　3歳児　となりに座っている友だちと「よろしくね」と挨拶をして，握手をします。
　4歳児　立って2人組になり，向かい合って「よろしく」と言いながら，握手をします。
　5歳児　立って，自分の名前と「これからどうぞよろしく」を言いながら，クラスの友だちみんなと握手をします。慣れてきたら名前だけでなく，好きな食べ物を入れて挨拶をしながら握手をします。
　　　　「カレーライスが好きな○○です。どうぞこれからよろしく」
〈アレンジ〉
・朝の挨拶のとき，「おはよう」と言いながら握手する。
・友だちの名前を覚えたら，相手の名前を言って握手する。
・グー（ドラえもんの手）で，「よろしグー」で挨拶する。
・「アウチ」（人さし指）で挨拶する。
・「ハイタッチ」（右手だけ，または両手）で挨拶する。
・相手の肩・頬を両手で触って挨拶する。
・降園のとき，「さようなら」と言い，明日への期待を持たせて握手する。
④インターベンション
・子どもたちだけで，2人組になれないことがあるので確認し，1人でいる子どもには相手を探します。
・強く握手をして友だちが痛がるときは，注意してやり方を教えます。
⑤シェアリング
　3歳児　「お友だちと握手できた人！　手を挙げましょう」
　　　　「お友だちと握手してうれしい気持ちになった人！　手を挙げましょう」など。
　4歳児　「お友だちの手は冷たかったかな？　それとも暖かかったかな？」「自分の手と同じ大きさだと思った人はいますか？」などの簡単な質問に対して，手を挙げた子どもがいれば発表してもらいます。
　5歳児　「握手してどんな気持ちでしたか」「名前を呼ばれて握手したときはどんな気持ちでしたか」など感情にふれる聞き方をします。

＊留意点
- ウォーミングアップで絵本『はじめまして』を使用しましたが,「握手でこんにちは」の歌を歌ったり,他の保育教材を使用する方法もあります。
- 最初はだれもがわかりやすい握手から入り,いろいろと変化させていくことができます。
- 「グー」はドラえもんということで楽しくできますが,「アウチ」は目と目を合わせながら指先もずれないようにぴったり合わせることがむずかしいので,年齢や時期を考慮しなければなりません。
- 保育者が「今日は,ドラえもんで挨拶しよう」「アウチでさよならしよう」と指示するだけではなく,子どもたちに決めさせるのもよいでしょう。
- シェアリングは,毎回しなければならないということではなく,感情を分かち合い,友だちと同じ気持ちになり,人間関係は楽しいということが理解できるようになることが大切です。

＊実践者の感想
- 新しいクラス編成になり,お互いの気持ちがうまくかみ合わずトラブルも多かったのですが,握手という簡単なエクササイズにより,1週間ほどで落ち着き,友だちどうしのつながりが安定してきました。
- はじめは全員と握手しなかったり,同じ子とばかり握手している子がめだっていましたが,回を重ねるごとに自分から握手していない子を捜したり「さっきしたよ」と言葉をかけたりする場面がみられるようになりました。
- 遊びのなかでトラブルが起きても「○○ちゃんは……なんだよ」と名前を口にして気持ちを言えるようになりました。

（4歳児の実践より）

● 事例：4つのなかから

＊保育のねらい：自分と同じだったり,違ったりいろいろな思いの友だちがいることを知り,お互いに認め合う。

＊SGEのねらい：自他理解（自分の好きなものを伝え合うことで,いろいろな友だちの存在を知りお互いのよさに気づく）。

＊時期・時間：一斉活動のなか　20分〜30分

＊場所：保育室
＊対象児：3～5歳児
＊形態：自由または一円に座る
＊準備：絵本（『ねえどっちがすき？』安江リエ（ぶん）降矢奈々（え）），テーマごとの絵カード（A4ぐらい），色紙
＊保育計画のなかの環境構成

　保育室で挨拶・点呼のあと，絵本『ねえどっちがすき？』の読み聞かせをします。
＊SGEの流れ
　①インストラクション
　　3歳児　「この絵本のなかで2つのうちどっちが好きかよく考えてね」と二者選択とします。
　　4・5歳児
　　・「今日は先生がお話しするなかから，何が好きか教えてください。自分と同じものが好きな人はだれなのかもわかりますよ。好きなものが同じ人たちの仲間さがしです」と話します。
　　・保育室の四隅にそれぞれのカードを置き，合図に従って自分が好きなもののカードの場所に移動することを確認します。できるだけ友だちと相談しないで，自分の考えで決めることを伝えます。
　　・好きなものを選んだら，グループごとに選んだ理由を話し合い，互いの意見を聞き合うようにします。
　②デモンストレーション
　　教師が1つのテーマから好きな物を選び，その理由を話します。
　③エクササイズ
　　3歳児
　　〈進め方〉
　　・絵本『ねえどっちがすき？』のページをめくりながら，教師が言ったもので，好きなほうに手を挙げさせます。手を挙げた子どもの名前を「○○ちゃんと△△ちゃんは，ブランコが好きなのね」というように呼んであげます。

・「〜が好きなのはどうしてかしら？」と選んだ理由を聞きます。

4・5歳児

〈テーマ〉

・好きな色（赤・青・黄色・緑）
・好きな果物（サクランボ・バナナ・イチゴ・ブドウ）
・好きな動物（犬・猫・パンダ・ウサギ）
・好きなおやつ（ケーキ・せんべい・プリン・アイスクリーム）

〈進め方〉

・カードを保育室の四隅の壁に貼っておきます。最初に4種類の色を示し「心のなかで，何色が好きか決めてください」と話します。
・「では好きな色のカードのところに集まりましょう」
・「同じ色を選んだお友だちはだれとだれでしょう。いっしょになったお友だちとどうしてこの色を選んだのかお話ししましょう」と，選んだ理由についてグループごとに話し合い，発表します。

④シェアリング

3歳児

・「○○ちゃんは，△△ちゃんと同じでよかったね」
・「○○ちゃんはどっちも好きで，困ったのね」

4・5歳児　やってみて気づいたことを発表します。

＊留意点

・3歳児の場合，絵本の代わりに絵カードを作り，どちらか選ばせることもできます。
　例：ブランコとすべり台・リンゴとバナナ・ウィンナーとハンバーグ・パンダとうさぎ・ブロックと積み木
・四者選択で，好きなものがなかった子どもには，保育者のそばに集まるなどスペシャル席をつくるのもよいでしょう。
・選んだ理由が思いつかなくてもよいことにします。

＊実践者の感想

・シェアリングで子どもから出てきた言葉
　　「同じグループに友だちがいっぱいいるとおもしろい，うれしい」

1節　構成的グループエンカウンターの活用

「好きな人と同じところにいるとうれしい」
「2〜3人だと寂しい」
「いつも遊んでいない人といっしょになってうれしかったので，仲良くなれそうな気がする」
「理由が同じだったときにうれしかった」

・好きな理由をグループごとに相談するとき，メンバーによっては，話し合いにならず，個々の意見の発表になったり，特定の子の意見を他の子に押しつける場面もみられました。2度3度とくり返すうち，互いに相手の考えを聞き出したり受け入れたりしながら，グループの意見としてまとめられるようになってきました。
・一度目は，自分自身が選んだものが一番という思いが感じられましたが，くり返すうちに，いろいろな理由を聞くことでそれぞれのよさを認められるようになってきました。
・普段あまり遊んでいない子と同じグループになった子が「仲良くなれそう」と言ったとき，とても柔らかい表情をしていました。その後の給食の時間に，いっしょに座って食事をするようすがみられました。

(5歳児の実践より)

3　保護者を育てる

(1)　保護者に対するSGEの必要性

親が抱える問題としては次のようなことが挙げられます。

・テレビ・雑誌・インターネットなどからの情報が多く（受験・いじめ・不審者についてなど），子育てについて不安になる。
　→情報過多による不安から，子どもや幼稚園・学校に対する要望や欲求が強くなる。
・核家族で子どもが親の期待にそえないときや，何かあったときに相談する人が身近にいない。
　→孤独からくる育児不安に陥る可能性がある。
・生活の便利さ，家事労働の簡略化により，困難なことに直面した場合にい

ろいろ試行錯誤して行動に移すことが苦手である。
　→すぐ答えや結果を求めてしまう。または問題から逃避してしまいがちである。
・子どもに時間を取られ，自分のやりたいこと（仕事・趣味・習い事）ができない。社会から取り残されていくように感じる。
　→あせりを感じる。
・子どもが幼稚園に入るまでは，一日中子どもといっしょに過ごしていた人が，子どもの入園と同時に寂しさを感じる場合がある。
　→分離不安に陥る可能性がある。
・教育費・医療費が上がり，家計のやりくりが大変である。
　→経済的不安に陥る可能性がある。

　このようなことから，地域や社会で親を支えようという「子育て支援」の動きがあります。たしかに地域や行政でしかできない支援もありますが，幼児教育に携わる立場だからこそできる子育て支援もあります。「幼稚園教育要領」「保育所保育指針」「幼保連携型認定こども園教育・保育要領」にも家庭との連携について留意事項が述べられており，家庭と園がそれぞれの役割を果たしながら，子ども一人ひとりの育ちを促し，安定した園生活を送れるようにしなければならない旨が記されています。そのためには，親の実情や思いを理解しながら，安定した気持ちで子どもを送り出すことができるように考慮していく必要があります。具体的には，以下の方法が考えられます。

・日本には昔から，「子は天からの授かりもの」「子はかすがい」という言葉があるように，子どもの誕生には少なからず神秘的な思いを抱き，子どもが無事に生まれたことを喜んだはずです。ところが子どもの成長とともに，喜びばかりではなく大変さや苦労がともなうことを体験するなかで，そのようなときに保育者が苦しい立場やつらい気持ちを受容し理解することは，親が子育ての楽しさを再発見できる機会となります。
・食事・排泄の自立や言葉・睡眠確保に関する悩みの他に，ほめ方しかり方などといった子どもとの関わり方にとまどう親に，子育てのスキルを伝え

るだけではなく，互いに学び合う場を提供します（父母研修会・母親学級）。
・「自分一人だけが……」という孤独感から解放されるために，仲間づくりの機会となる PTA・ボランティア活動・園の行事への参加を呼びかけます。

以上のことを促進する手だてとして，SGE を取り入れることは，保護者自身の自尊心・自己肯定感を高めるだけではなく，保護者と保育者の信頼関係や，保護者どうしのふれあいを深める機会となります。

(2) SGE の体験場面
・入園式後の顔合わせ：リレーションづくりによる"信頼体験"
・母親学級：コミュニケーション能力アップで"自己開示"と"自己主張"，"自己理解・他者理解"
・保育参観：親子のスキンシップとコミュニケーションによる"わが子理解"
・保護者会・PTA 研修会：自分の本音を知る"自己覚知"，役割遂行

(3) 保護者を対象とした SGE の事例
保護者を対象とした SGE の事例を紹介しましょう。

● **事例：「質問じゃんけん」から「他己紹介」へ**
＊活用の場：新年度の保護者会
＊ねらい：他者理解
＊時間：20 分
＊準備：なし
＊SGE の流れ
　①インストラクション
　　「今日は，同じクラスになったお父さんやお母さんどうしが知り合うために『質問じゃんけん』をします」と話し，隣の人と 2 人組になり向かい合って座ってもらいます。

「2人でじゃんけんをして勝った人は負けた人に1つだけ質問をする」

「負けた人は聞かれたことだけに答える」

「わからないことや答えられないことを質問されたら，答えなくてもよい」

「相手がうれしくなるような質問をする」

などのルールを説明します。

②エクササイズ
- じゃんけんをして質問をしあいます。
- 2分たったら，一度やめます。
- 一度も質問できなかった人がいた場合は時間を1分延長します。
- 「他己紹介」→4人1組になり，順番を決めてから，相手のことをまわりの人に紹介します。

③シェアリング
- じゃんけんをしたときの感想を2人で話し合います。
- 負けたときの気持ちを話し合います。
- 「他己紹介」のあと，自分のことを他の人に紹介してもらったときの感想を話します。

④留意点

SGEを行なうときの留意点を参照（p.133）。

＊保護者会の実践より
- 「質問じゃんけん」は，自分のことを話し相手の話も聞くことで，互いの交流を深めることができますが，4人になり「質問じゃんけん」で知った相手のことを，他のメンバーに紹介することで，表情がやわらぎ笑顔もみられ，さらに親しさが増しました。
- 「他己紹介」は4人1組でなく，全体で行なうこともできます。
- SGEをはじめて体験するという人ばかりでしたが，みんなが積極的に参加していました。
- クラスの役員を決める前に行なったところ，自分から役員になりたいと挙手してくれる人が多く出ました。
- 小学校にきょうだいがいる子どもの母親は，シェアリングのとき「学校で

も先生たちが，子どもたちにSGEをやってほしい」と話していました。
・後日，このエクササイズを体験した保護者が，他の場所（学校・サークル）で行ない，好評だったという話をしてくれました。

● **事例：「私は私の子どもが好きです。なぜならば……です」**
＊活用の場：保護者会，母親学級
＊ねらい：自己理解，他者理解
＊時間：30分位（人数による）
＊準備：なし
＊SGEの流れ
　立ってまわりの人と握手をしたあと，輪になって座ります。
　①インストラクション
　　「お母さんが，自分の子どものよいところを再発見するための"私は私の子どもが好きです。なぜならば……です"というエクササイズをします」
　②デモンストレーション
　　リーダーになる保育者が，自分の子ども（クラスで担当している子どもなど）の好きなところを話します。
　③エクササイズ
　　子どもの好きなところを1つずつ順番に言っていき，時間がくるまでぐるぐる回ります。
　④シェアリング
　　やってみて感じたこと，気づいたことを話し合います。
　⑤インターベンション
　　子どもの長所を言えない保護者には，他の人の話からヒントを得るように声をかけます。
＊母親学級の実践より
・シェアリングで，「欠点はいくらでも出るのに，よいところはたくさん出てこない」「自分の子どものよいところを話すと自慢しているように思われるので，ふだんの会話ではあまり話さないのですが，今日は話してみなさんに好意的に聞いてもらえたので，抵抗なく話すことができました」という話を聞くことができました。

・「私は，私の子どもが好きです。なぜならば……です」の，「私の子ども」の部分を「夫」や「自分」に置き換えることもできると思います。

（4） SGEを行なってからの変化

SGEを体験したあとの保護者の気持ちの変化として，以下のことが挙げられました。
・子どもを一人の人間としてみるようになり，以前より子どもの話を聞くようになった。（他者理解）
・「いけないことはいけない」としっかり伝え，子どもの欲求に負けないようになった。（現実原則の徹底）
・感情的に叱ることが少なくなった。（情緒の安定）
・寝る前に絵本を読んであげるようになった。（スキンシップ）
・夫やまわりの人に，自分の思いを話せるようになった。（自己開示）
・幼稚園のボランティア活動に意欲的になった。（役割遂行）

4　保育者を育てる

（1）　保育者に対するSGEの必要性

保育において，保育知識と技術面・実践面での指導力が必要なのは言うまでもありませんが，保育者自身の人間性も問われてきます。自己肯定感を持ち自分自身も他者も受容できなければ，発達段階が違うさまざまな個性を持つ子どもたちや，いろいろな環境・立場にある多くの保護者と関わっていくことは困難です。

経験年数が多いベテランの保育者は言います。「昔は1クラス40人以上でも，みんな静かに話を聞いていたし，製作や楽器あそびなどの一斉活動もやりやすかった。ところが今は座って話を聞くのもむずかしい子どもが多いし，一斉活動などみんなで何かをするよりは，一人ひとりのやりたいことだけをやりたがる。また，昔は親が『悪いことをしたら先生に言いつけるよ』と言っていたのが，今は先生が『友だちにけがをさせたり，いじわるしたらお母さんに言いますよ』と言いかねない」。

そして若い保育者は，学校で学んだ「子ども一人ひとりを大切にする」こと

を守ろうとしますが，個性の強い子どもの要求を聞いているうちに，子どもにふり回されてしまいます。おまけに保護者からは「もっと子どもをみてほしい」との要望まで出てきます。

「人間関係」における保育者の役割としては，次のような点が挙げられます。

① 子どもに対して
- 一人ひとりの言葉や行動，表面に表われない思いを受容します。
- 主体的に行動できるように促します。
- 集団生活におけるルールを教え，守ることができるように手助けします。
- 気になる言動をする子どもの気持ちを聞き，解決方法を探します。

    そのためには，いっしょに遊んだり生活をともにしながら，子どもをよく観察し，理解します。さらに子どもにとって必要な指導・適切な援助は何かを，教育課程・発達段階を踏まえて考え，実行します。

② 保護者に対して
- 保護者が安心して子どもを預けることができるようにします。
- 気軽に保護者が家庭での子どものようすを伝えたり，園でのようすを聞いたりできるような雰囲気づくりをします。
- 子どもの気になる点については，家庭でのようすを聞きながら保護者と協力して解決策を探します。

    そのためには，保育者は「先生だから」と構えず，保護者といっしょに子どもを育てていくという考えを持つようにします。

保育者が子どもや保護者と，信頼感のある人間関係を築くには，日々の積み重ねが大切ですが，保育者間の人間関係も重要となります。ふだんからカリキュラムについての話し合いだけではなく，子どもや保護者について，情報を交換しながら共通理解を持ち，起きた問題については解決策を話し合う場をつくる必要があります。

あたたかな雰囲気の職場づくりを促進するために，SGEを取り入れることは大きな効果をもたらします。

（2） SGEの体験場面
- 園内研修会："自己受容""他者理解"と信頼体験をします。
- 園外研修会：他園の保育者とのリレーションづくりにより，"他者理解" "自己開示"を体験します。

（3） 保育者を対象としたSGEの事例
保育者を対象としたSGEの事例を紹介しましょう。

● 事例：バースデーライン
＊活用の場：園外研修会
＊ねらい：感受性の促進
＊時間：30分位（人数による）
＊準備：なし
＊SGEの流れ
　①インストラクション
　・「これから先生どうしが，親しくなるためのエクササイズをします」と言ってから，全員で大きな輪をつくります。
　・1月1日から12月31日までの誕生日の順に並び替えますが，互いの誕生日を教え合うときに，身ぶり手ぶりを用いた非言語で行なうことを話します。
　・スタート位置を決めます。
　②エクササイズ
　・非言語で，1月1日から12月31日までの誕生日の順に並びます。
　・終了後，リーダーが一人ひとり誕生日を聞いていきます。
　・誕生日が同じである人たちがいたら，みんなで拍手をします。
　③シェアリング
　　今の気持ち・感じていることを話してもらいます。
　④インターベンション
　　声を出してしまう人には注意をします。
＊研修会での実施結果
　・シェアリングでは，「同じ誕生日の人がいて親しみを持った」「非言語で行

なうことの難しさを感じた。自分の言いたいことが伝わらないと，つい しゃべってしまいそうになる」などの感想がでました。
・他の幼稚園の先生と知り合うことで，気軽に情報交換をしていました。

● 事例：別れの花束
＊活用の場：園外研修会などの最後に行なう
＊ねらい：信頼体験
＊時間：30分位（人数による）
＊準備：画用紙（首から下げられるように，リボンを付けておく），ペン，
　　　　BGM（静かな曲のCD）
＊SGEの流れ
　①インストラクション
　・「このエクササイズは，知り合った先生方に今まで感じてきた気持ちを贈り，他の先生方からももらうという体験をとおして，心の交流を深めることをねらいとしています」
　・贈る言葉を書くひものついた画用紙を渡します。受け取った人は首から下げて，背中に回します。
　・「目を閉じて研修会をふり返りながら，いっしょに過ごした先生方への別れがたさと感謝の気持ちを，どんなメッセージとして贈るか考えてください」
　・「音楽が流れている間に，背中の用紙にメッセージを書いていきます」
　・非言語で行ない，書き終わったら背中を"ポン"と叩くなど合図をすることを伝えます。
　②エクササイズ
　・研修会をふり返りながら，自分の感情や他の先生方への気持ちを，目を閉じて思い出すようにします。
　・音楽のスタートとともに，それぞれがメンバーの背中に貼られた画用紙に，メッセージを記入していきます。
　・終了の合図で席に着き，一斉に背中の画用紙をはずし，自分に贈られたメッセージを味わいます（声を出さずに読む）。
　③インターベンション

1人の人にメッセージが集中したり，少なかったりして偏るときは，他の空いている人への記入を促します。

＊研修会での実施結果
・宿泊の主任者研修会の最後に行なったところ，それぞれの思いが他の先生方への感謝のメッセージとして表わされ，2日間のまとめとして意義あるものとなりました。
・この体験をとおしてSGEに関心を示し，いっしょに勉強する仲間ができました。

(4) SGEを行なってからの変化

SGEを体験したあとの保育者の気持ちの変化として以下のことが挙げられました。
・保育上の悩みが話しやすくなった。（自己開示）
・園内行事の際，積極的に取り組めるようになった。（役割遂行）
・保護者に対する苦手意識がなくなった。（他者理解）
・園児に善悪のけじめをしっかり伝え，メリハリのある保育をするようになった。（現実原則の徹底）

2節 保育カンファレンスの実施

1　カウンセリングマインド

　1990（平成2）年の幼稚園教育要領の改訂を機に，保育をふり返ることの必要性が問われ，さらに保育者のカウンセリングマインドの育成に重点がおかれるなど，保育者の内面的な資質が注目され，その育成がはじまりました。そして，これまでの教師（保育者）が中心となっていた保育から子ども主体の保育へと移行し，とりわけ子どもの自発的なあそびを援助する保育者の資質が重視されるという，保育の根本が180度転換した大改革でもありました。その後，保育者の資質向上のための研修が注目され，文部省（現 文部科学省）は1993（平成5）年に「保育技術専門講座資料」を呈示し，そのなかで子どもの心に寄り添う保育者の資質として「カウンセリングマインド」の育成が取り入れられるようになり，保育の世界で「カウンセリング」という言葉が本格的に使われるようになったのです。

　このカウンセリングマインドとは，カウンセラーのクライエントに対する基本態度として求められる「共感性」「受容性」「非審判性」などを教育的な態度として捉えたものと考えられ，氏原と東山（1995）は「やさしさ，思いやり，強さ」という言葉で表現しています。

　このカウンセリングマインドの育成について「保育技術専門講座資料」では，ビデオによる学習教材を紹介しています。しかし，ビデオを使うことの意義は呈示していますが実際にどのような使い方ができるかは現場に任されており，明確な学習方法が示されてはいませんでした。そこで，冨田と田上（1998）はこのビデオによる学習方法を保育現場に取り入れ，保育者の保育のふり返りを「自己評価」で行なうという，「ビデオ自己評価法」を開発しました。このビデオ自己評価法は，保育者自身の気づきから子どもへの温かいかかわり（カウンセリングマインド）を育てる方法で，保育カンファレンスの原点になったものです。本節ではまずその活用を紹介したあと，保育カンファレンスの実際を紹介し，保育における新しいカウンセリングの活用，カウンセリングマイン

ドの育成についてその方向性を示唆できればと思います。

2 ビデオ自己評価法の活用

(1) ビデオ自己評価法とは

　ビデオ自己評価法というのは，冨田と田上（1999）が開発した，保育者の援助スキル向上を目的とする，ビデオを活用した研修方法です。そして，この研修方法の開発のきっかけになったのが，先にも紹介した「保育技術専門講座資料」でした。これまで，保育者研修の事例検討会などでは保育記録をもとに幼児の発達や行動の変化，その活動の持つ意味に関連させて，そこで行なわれた援助が幼児にとって適切であったかどうか，その他の関わり方の可能性がなかったかどうかなど，いくつかの角度から検討することが中心となっていました。一方，保育者の遊戯，ピアノ，手あそびといった保育技術を向上させる研修もさかんに行なわれていました。しかし，日常の保育を継続的に検討し，援助行動を基本的な行動レベルで検討するような研修はほとんど皆無でした。そこで，日常の保育場面をビデオに録画して，「笑顔で接する」「見守る」「いっしょに遊ぶ」といった具体的な援助行動について自己評価し，自己の援助スキルを向上させるという研修プログラムを開発することになったのです。ビデオによるフィードバックによって（坂越ら，1987），今まで気づけなかった表情や雰囲気，微妙なニュアンス，そして相互作用のダイナミックな流れを把握することができ，自分自身の気づきが促され，自分の体験として見直しができます。また，理解したことが日常的にも実現される可能性が高いといった研究結果もあり，カウンセリングマインドの育成，自分自身の気づきの促進には有効であると考えられています。

　ビデオ自己評価法研修が開発された当時は幼稚園の先生がおもな対象でしたが，現在では保育所の保育士，小学校の教員など利用者の幅が広がっています。ビデオ自己評価法で検討するものは援助スキルですが，その他のスキルについても十分検討が可能であり，自己のスキルを自分で評価することにより自分自身を深く洞察でき，それが他者への洞察へとつながるため，保育者（幼稚園教員・保育士）や教師ばかりでなく，保護者やカウンセラー，また子育てアドバイザーなどの支援活動者の育成にも使用が可能です。

（2） 方法
●撮影場面
　撮影場面は検討したい場面でよいでしょう。ただし，あまりいろいろな場面を撮影すると，検討する焦点が分散してしまう可能性もあるので，戸外あそび，昼食のようす，室内あそび，親子で遊んでいる場面など，少し限定したほうが検討しやすいと思います。
●撮影時間
　基本は10分です。あまり長いとふり返りにも時間を要するでしょうし，研修対象者の負担を少しでも軽減するため，継続的に日常的な場面を検討する目的であれば，最初は10分から始めることをおすすめします。
　ただし，たとえば「じっくりと自分の保育をふり返る」という目的で，年に1回程度，自己評価研修として利用する場合や子どもの発達とその援助を検討する場合，また保育の流れや連携を検討するといった「流れ」からその内容を読み取り検討する場合は，30分程度までなら可能です。
●回数
　ビデオ自己評価法による研修の場合，継続して自己をふり返ることに意義があります。そのため，研修は少なくとも3回は継続して実施することが効果的です。冨田と田上（1999）の研究ではセッション2（研修2回目）からセッション3（研修3回目）にかけて援助スキル（援助行動）が増えるという結果を得ていて，それはつまり研修の効果が現われはじめる時期と考えられています。1回だけビデオを視聴して自己の援助についてふり返ったとしても，「次にいかす，そしていかした結果から学ぶ」といった学習促進効果は期待できないからです。
●手続き
　この研修をどのような目的で取り入れるのか，まず保育者に「研修説明」を行ないます。自立した大人が，目的を意識して，その専門性を磨くために行なうのが研修であり，研修は査定やその人自身の職務評価に活用するためのものではないことをしっかり認識して行なわないと，かえって自己評価が低下し，保育の専門性の育成にはつながりません。研修実施にあたっては，撮影場面，時間，回数，ふり返りの方法などといった具体的な「研修契約」をお互いに了

● ビデオの視聴

撮影されたビデオを研修対象保育者が当日または翌日視聴します。視聴する場所は，保育者がじっくり自己の援助をふり返ることができる個室が望ましいでしょう。しかし，そのような場所や時間がない場合は自宅にビデオを持ち帰り視聴するという方法も可能です。

● 援助スキルチェック・リストへの記入

援助スキルチェック・リスト（自己評価表）は，保育の録画ビデオを視聴したあとに自分の保育行動（援助スキル）をふり返るための指標となるリストです（表5-1）。このチェック・リストは保育者にアンケートを実施して，その結果を保育行動レベルで整理して作成したものです。援助スキルチェック・リストの項目は「かかわりに関する援助」14項目，「遊びに関する援助」14項目，「トラブルの処理に関する援助」12項目，計40項目の援助スキルから構成されています。

ビデオのなかでどれくらいその援助スキルが使われていたかをチェックし，自己の援助についてよかった点，改善したい点などを感想用紙に記入します。

● 面談

援助スキルチェック・リストと感想を記入した用紙を用いて研修担当者と面談を行ないます。研修担当者が園長や主任である場合と仲間どうしという場合も考えられるので，面談の内容はその役割や立場によって工夫が必要です。

ただしこの場合，面談といっても，研修を受けた保育者が自分で評価した内容を確認し，「よかった」と評価した内容についてのみ同意をするという方法をとります。

（3） ビデオ自己評価法から得られること

冨田と田上（1999）の研究では，ビデオ自己評価法による6名の保育者研修から以下の2つの側面が明らかとなりました。

● 援助スキルの回数の増加

保育者が研修に使用した保育VTRを2分ごとに区切り，チェック対象の援助スキルが実際何回出現したかチェックし，2分×5回（10分間）に出現した

2節 保育カンファレンスの実施

表5－1　援助スキル自己評価表（冨田・田上，1999）

	よくやっている	ややっている	あまりやっていない	やっていない			よくやっている	ややっている	あまりやっていない	やっていない
1. 手をとる	1	2	3	4	21. 場面を設定する		1	2	3	4
2. そばにいる	1	2	3	4	22. 気持ちを聞く		1	2	3	4
3. 遊びを紹介する	1	2	3	4	23. 一緒に考える		1	2	3	4
4. 抱っこする	1	2	3	4	24. 仲裁に入る		1	2	3	4
5. ヒントを言う	1	2	3	4	25. 目を合わせる		1	2	3	4
6. 気持ちを代弁する	1	2	3	4	26. 考えさせる		1	2	3	4
7. ふざける	1	2	3	4	27. 遊具等を用意する		1	2	3	4
8. 声をかける	1	2	3	4	28. 手を貸す		1	2	3	4
9. 見守る	1	2	3	4	29. 一緒に遊ぶ		1	2	3	4
10. 頭や頬にさわる	1	2	3	4	30. 励ます		1	2	3	4
11. 友達の中に誘う	1	2	3	4	31. 意見を聞く		1	2	3	4
12. うなずく	1	2	3	4	32. 教える（助言）		1	2	3	4
13. 笑顔で接する	1	2	3	4	33. ほめる		1	2	3	4
14. 橋渡しをする	1	2	3	4	34. 会話する		1	2	3	4
15. 様子を観察する	1	2	3	4	35. 頼む（手伝い）		1	2	3	4
16. 話しかける	1	2	3	4	36. 見せる（提示）		1	2	3	4
17. 材料を用意する	1	2	3	4	37. 要求を聞き入れる		1	2	3	4
18. みんなに伝える	1	2	3	4	38. 行動を促す		1	2	3	4
19. 気持ちを言う	1	2	3	4	39. 一緒に楽しむ，遊ぶ		1	2	3	4
20. 考えを言う	1	2	3	4	40. なだめる		1	2	3	4

回数を合計して，その変化を検討しました。つまり10分の間に何回「笑顔で接した」かを，測定したわけです。子どもに向けて10分間ずっと笑顔で接していれば5回という計算になります。たとえば，援助スキルチェック・リストの40項目が5回の区間とも「ある」とチェックされた場合は，1つの援助スキル項目について5点となり，40項目で200点という計算になります。その結果，図5－1に示すように研修を受けた6名の保育者全員の援助スキルの出現頻度が増加（スキルの量が増えた）という結果を得ることができたのです。

第5章 ● 教育的・開発的カウンセリング

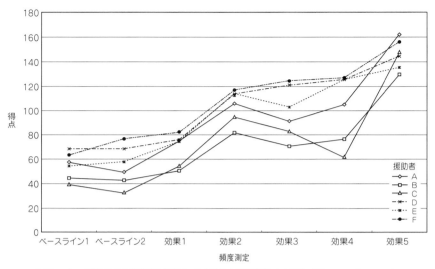

図5-1　援助スキル頻度得点変化（ビデオ自己評価法の効果）（冨田・田上，1999）

● 援助スキルの種類

　さらに40項目の援助スキルの変化を検討した結果，援助スキルの種類によってその増え方が違うことが明らかになりました（図5-2）。これによると，「うなずく」「目を合わせる」「笑顔で接する」の3項目が上位で，いずれも子どもとの距離をおきながら，あそびや生活を支援するといった援助スキルが変化していました。次いで「声をかける」「話しかける」といった保育者から積極的にはたらきかける援助スキルの頻度が増加し，「場面を設定する」「みんなに伝える」といった間接的な援助はあまり変化しないことがわかりました。

　この変化は，6名の保育者全員のデータを合わせて検討した結果ですが，担当園児の年齢（担当クラス）によって変化する援助スキルの種類が違うことも明らかにされています。たとえば，子どもとの信頼関係を築くことが求められる年少組や年中組の担任の変化しやすかった援助スキルは，「声をかける」「話しかける」といったコミュニケーションの基本となる援助スキルでした。一方，年長組の担任は「行動を促す」「ヒントを言う」といった指導的な要素を含む援助スキルが変化しました。このように保育者の援助スキルは対象によって使

2節　保育カンファレンスの実施

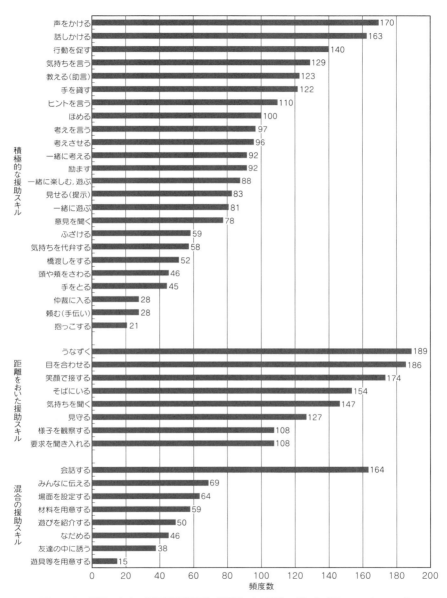

図5-2　援助スキルの項目別総頻度数（種類による変化の違い）（冨田・田上，1999）

第5章 ● 教育的・開発的カウンセリング

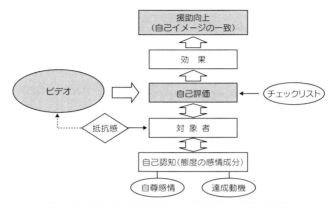

図5-3 ビデオ自己評価法による援助向上モデル（試案）

われる目的も頻度も違うため，研修の効果も，保育者の担当している年齢の子どもとのかかわりに必要な援助に絞って検討する方法もあるかもしれません。参考までに，援助がどのようなプロセスで向上するか，その成長モデルを図5-3に示します。

3　ビデオ保育カンファレンスの活用

(1) 保育カンファレンスからビデオ保育カンファレンスへ

保育カンファレンスとは，保育現場における子どもへの援助について専門家が意見を交換し，よりよい保育の方向性，具体的には援助のあり方を検討するものです。森上（1995）が保育カンファレンスの意義を強調したことで，それを契機に研究がさかんに行なわれるようになりました（平山，1995；田中ら，1996）。原則としてビデオ自己評価法による研修は保育者一人ひとりの育ちを求めるものでしたが，やがて，ビデオ自己評価法を実施した保育者たちから「自分の保育をみんなでふり返り，同じ目線で検討すれば，さらによりよい援助について検討できるのでは」といった声が聞かれ，ビデオを用いた保育カンファレンスを実施することになったのです。

2節 保育カンファレンスの実施

(2) ビデオ保育カンファレンスの実際

● **目的**

ビデオ保育カンファレンスの目的は以下の3点です。
- 保育者の力量を高める。→専門性の獲得
- 保育現場における問題を保育者どうしが共有し，ともに解決する。→協働・連携力の育成
- 一人ひとりの子どもの発達を理解し，個々のニーズにあった保育を実現する。→発達的視点の獲得・子ども理解の深まり

● **プロセス**

ここで紹介するビデオ保育カンファレンスは，外部から「スーパーバイザー」という立場で保育カウンセラーが参加し，保育についてのふり返りを支援するものです。保育カウンセラーは保育者どうしが問題を共有できるようなアドバイスを与えたり，発達などの問題には，具体的な対処方法などをアドバイス（スーパービジョン）したりといった役割を担います。スーパーバイザー（保育カウンセラー：以下スーパーバイザー）を置かない保育者だけのカンファレンスも可能ですが，第三者が立ち会うことがカンファレンスの客観性を保障する役割を果たしている面もあります（図5-4参照）。

● **実践例：子どもの発達に焦点をあてる**

＊対象
- 発達に問題を抱えている乳幼児（発達障害が疑われる場合）

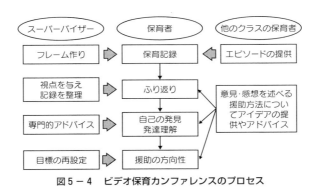

図5-4 ビデオ保育カンファレンスのプロセス

・発達途上で何らかの問題を抱えている乳幼児（指しゃぶり，友だちとコミュニケーションがうまく取れない，けんかが多い，言葉の発達がゆっくり，暴力がめだつなど）

＊進め方
① 気になる場面を中心に対象児をビデオ撮影します。撮影時間は10分から30分以内とし，撮影者は担任以外で，クラスの状況などを理解できる人（副担任または主任など）がいいでしょう。
② 録画したビデオを保育者全員で視聴します。
③ 保育者各人がその場面から発見できた子どもの行動とその意味，そのときの感情などを考察し，どのような援助ができるのかといった援助方法について述べます。
④ 園長やスーパーバイザーがまとめをします。まとめは保育者から出た意見を要約し，今後保育者全員で取り組みやすい課題を，出された意見から抽出します。そして実際に援助が行なえるように，保育者の連携方法，物的環境へのはたらきかけなど，総合的な視点からの方向性を示唆するようなまとめにするとよいでしょう。スーパーバイザーは必要に応じて，保護者との面談や他機関との連携といった周辺の環境調整について助言をし，発達について心理学的な視点などを話して，客観的に子どもの発達を捉えられるような助言を行ないます。

＊スーパーバイザーの位置づけ

　図5-5は，ある対象児のYくんの発達についてその援助の方向を探るために，定期的に実施されたビデオ保育カンファレンスにおけるスーパーバイザーの位置づけを示したものです。先にも述べましたが，保育現場では子ども・保護者・保育者・園長（責任者）といった4つの人的資源がその中核を成しています。この人的資源の関係が保育のすべてといっても過言ではありません。その保育の中核を外から支えるのがスーパーバイザーといえるでしょう。

＊留意点
・気になる子どもの担任がその援助に困っている場合は，カンファレンスの対象となりますが，他のクラスの担任や園長といった，直接その子どもの援助に携わっていない人からカンファレンスを持ちかけることは避けま

2節　保育カンファレンスの実施

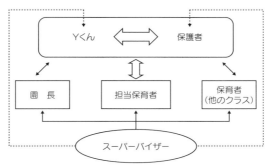

図5－5　スーパーバイザーの位置づけ

しょう。なぜなら，担任保育者自身がその保育場面のビデオ撮影を望まない場合，本当の意味での話し合いができないからです。
・「子ども理解」の目的で実施する場合，撮影する保育場面は子どもの動きや表情が読み取りやすいように，その子どもとそれに関わる子どもたちを中心に撮影するとよいでしょう。また，発達のどのような面を検討したいのかといった目的にもよりますが，発達全般が気になる場合はあそびのようす，食事，着替え，排泄といくつかの場面を5分程度撮影，編集してカンファレンスに使用するとよいでしょう。
・「けんかが多い」など扱う場面が限定されている場合，チャンスを逃さないようにビデオカメラはいつでも使えるように準備しておきましょう。

●**実践例：保育者の援助に焦点を当てる**
＊対象と目的
　・保育経験が浅い新人保育者の資質向上。
　・ベテラン保育者の保育のふり返り。
　・保育者どうしの連携のための援助方向を探る（目線を合わせる）。
＊進め方
　①　気になる場面を中心に対象保育者，または対象保育場面のビデオ撮影をします（撮影時間は10分が基本）。撮影者は対象保育者と連携ないしは信頼関係のある保育者（同僚や副担任など）がいいでしょう。
　②　撮影した保育場面のビデオを複数の保育者で視聴します。その際はじめ

から全員で視聴すると緊張のほうが強くなるので，仲間の保育者で援助を検討するといった小グループから始め，グループサイズは徐々に大きくするほうが負担が少ないでしょう。
③　対象保育者がその場面から発見できた点を話します。
④　カンファレンス参加保育者がその場面から発見できた援助のよいところ，改善点などについて意見を述べます。
⑤　スーパーバイザーがまとめをします。子どもの発達の場合と同様，援助について何がよかったのか，なぜ改善が必要なのかといった問題についてコメントをします。そして，その援助が子どもの発達を理解しその発達に即したものであったかどうかと，あくまでも「子どもにとっての援助のあり方」という点を強調するように心がけます。

＊スーパーバイザーの位置づけ
　子どもの発達に焦点をあてた場合と同様です（p.158）。
＊留意点
・現在新人研修というかたちで実際に研修として取り入れている園もありますが，先輩保育者がビデオカンファレンスを体験をしている場合は比較的スムーズに導入できます。しかし初めて取り入れる場合，「できない自分の姿」をあからさまにビデオで見るのはかえって保育者のモチベーションを下げる結果になるので，保育者に焦点をあてる前に，子どもの発達理解といった切り口から取り入れるほうがよいでしょう。
・人に自分の保育を見られることに抵抗を感じない保育者はいません。そのために，「子どもへの援助のあり方」といった目的を前面に出して，少人数で検討するところからはじめることが肝要です。
・カンファレンスには必ず，スーパーバイザーまたはそれに代わる第三者が参加することが望まれます。話し合いが私的な会話となり，焦点がずれ，健全なカンファレンスの目的が達成できない可能性があるからです。

（3）　ビデオ保育カンファレンスの効果
　ビデオ保育カンファレンスをすでに実施している保育者25名に，アンケートで「ビデオ保育カンファレンスは役に立ったでしょうか」という問いをした

2節　保育カンファレンスの実施

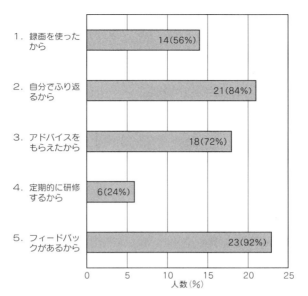

図5-6　ビデオカンファレンスが役立った理由

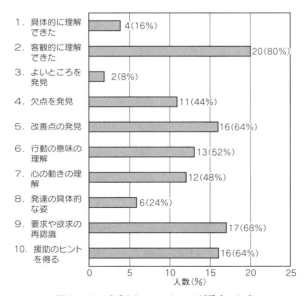

図5-7　ビデオカンファレンスが役立った点

第5章 ● 教育的・開発的カウンセリング

ところ，25名全員が「役立った」と回答しました。自由記述でも「ビデオへの抵抗感はあったが，保育をふり返るよい機会となった」「ビデオを見て自分なりにがんばって保育していることが確認できた」など，「ふり返り」や「確認」といった収穫が保育者にあったことが示されています（図5-6）。さらに，役立った点については図5-7に示すように「（自分の援助の実態がビデオで）客観的に理解できた」という項目に80％の保育者が○をつけていました。また，「要求や欲求の再認識」が68％，「改善点の発見（子どもの発達に即した援助のヒントを得ることができた）」が64％と，援助への理解と子どもの発達の理解といった両側面から保育を検討できたことが確認されています。

3節 サイコエジュケーションの展開

　サイコエジュケーション（psycho-education）とは國分康孝・國分久子が提唱した「育てるカウンセリング」の一領域です。日本語に翻訳すると「心理教育」ということになります。育てるカウンセリングとして捉えられているサイコエジュケーション（心理教育）は，思考（考え方）・行動・感情の3側面の教育を通してそれぞれの発達課題の達成や解決を図ろうとする「積極的なアプローチ」であり「教育的・開発的・予防的カウンセリング」の主たる方法であるともいえます。本節では，保育現場における保育者，保護者，子どもへの積極的なカウンセリングアプローチとしてその具体的な方法を事例から紹介します。

1　保育者研修

（1）　A保育園での取り組み――「ビデオ保育カンファレンス」を取り入れて
● **保育者の仕事と現状**
　子どもが自立した1人の人間として成長するために，乳幼児期をどのように過ごしたらよいのでしょうか。
　みんなで一斉に同じことをしたり，先生の指示どおりに行動できるようにす

る保育でよいのでしょうか？

　A保育園では"自分で考えて，進んで行動する子ども"を目標とし，自主的に行動することを大切にしています。それがたくましく生きていくうえで必要な力と考えるからです。そのためには，保育者は子どもとどう関わったらよいのか，どのような力量が必要なのでしょうか。運動・造形・養護など，多くの方法がありますが，基本は子どもとの信頼関係です。子どもと保育者の安定した信頼関係のうえにすべてが成り立っています。では，実際の保育者は子どもと信頼関係を築けているのでしょうか。

　保育者はまじめで責任感の強い人が多く，子どものために何かをしなくてはいけないという思いが強いものです。そしてその思いが現実には次のような結果をまねくことがあります。

・保育者が決めた行動をさせる→子どものしたいことは無視。
・子どものけんかは保育者が判断を下す→子どもの気持ちはくみ取らない。
・食事は残さず食べるよう強いる→子どもが嫌いでもお構いなし。
・「ごめんなさい」と言うことを強いたり，言うまで対応する→子どもの気持ちは考えない。

　他にも似たようなことが日常的に行なわれています。どれもこれも保育者は子どものためと思い，よかれと思って行なっていますが，そこでは本当に子どもの心が考えられているのでしょうか。上記のような結果を招く要因として，①子どもの気持ちを理解していない，②「なぜそうするか」を考えようとしていない，③子どもの年齢の発達を十分に理解していないことによる配慮不足，などの場合があります。しかし，自分の価値観が正しいと思っているため，第三者からの指摘で変わるのはむずかしいことです。自分で気づき，自分で変わる場合は，自分を肯定し向上する気持ちになれるものです。そこではじめて子どもの気持ちに寄り添った保育が行なえるようになり，子どもとの信頼関係を築いていけるのです。

● 研修内容
　①　1人の保育者か，子どもに視点を当て，保育の場面を10〜15分ぐらい

　　　　主任か園長がビデオ撮影します。
　②　撮ったビデオを全員の保育者で観ます。
　③　撮られた子どもに関わった保育者が状況説明と感想を言います。
　④　順番に全員の保育者が感想・意見を言います。
　⑤　主任・園長が感想・意見を言います。
　⑥　外部講師により，総評をしてもらいます。
　上記のことを1〜2か月ごとに行ない，年度内にできるだけ全員の保育者のビデオ研修を行ないます。そして最後に，ビデオ研修で問題と思ったこと，どのように改善したかの発表の場を持ちます。

● **事例から**
【2歳児　Sちゃん】
場　面：Sちゃんが何か気にいらないことがあり，自分の思うようにならず，泣いて訴える。保育者にわかってもらえず泣き続けて，次の行動に移れなくなっている。
保育者：泣く理由がわからず，ただ泣きやませようと抱っこをしているが，視線は他の子どもに向き，クラス全体を見ている。
〈学び〉
・泣きやんでもらおうと思うと泣きやみません。Sちゃんの気持ちを受けとめて，共感を持って言葉をかけることで泣きやみます。
・保育者としてどうにかしようとするのではなく，子どもはそのときどうしてほしかったのかという気持ちを理解し，共感を持って対応することが大切です。

【3歳児】
場　面：絵本の読み聞かせのときに，場所の取り合いでけんかが始まる。
保育者：読みきかせを途中でやめて仲裁に入り，保育者が解決する。
〈学び〉
・子どもは自分で決め，みずからが育つ力があることを認識します。
・トラブルは，子どもの力で解決できるようにサポートすることが大切です。
・よいこと・いやなことの感情を多く体験し，取られたときのいやな気持ちを

コントロールすることを学んでいきます。保育者は子どもと本音で関わる必要があります。

【5歳児】
場　面：年長児のクラスが園庭でサッカーをしている。ルールを守らない子どもがいて、楽しく遊んでいるようすが感じられない。
保育者：ルールをそのつど説明して、ルールを守って遊ばせることに一生懸命になっている。
〈学び〉
・ルールは、保育者が先走りして教えたり決めたりしなくてもよいのです。
・ルールを守らせるのではなく、守ると楽しく遊べることを理解させましょう。
・配慮としては、子どもがルールを決めていけるように声をかけ、介入をし、ルールの必要性を遊びのなかで理解させることが大切です。

● **研修を終えて**
　ビデオ研修を終えた保育者の感想をいくつか紹介します。
〈感想1〉
　保育をしているときの自分の姿を見るという機会は今までありませんでした。ビデオに映し出される自分の姿は緊張し、ふだんとは違って不自然になってしまう点はあるにしても、その場面での自分の姿が正直に出ていたと思います。自分を見るのはとても恥ずかしくいやでしたが、第三者的に自分を見て、「あのときはもっと子どもに対してこう言葉がけをしたほうが、もしくはこう接したほうがよかったのでは……」と考えることができました。（中略）1人の子どもにしっかりと向き合い、子ども主体の保育をしていきたいと思いました。
〈感想2〉
　ビデオを観たあと、「全員を見ているようで、実はだれのことも見ていない」という言葉を受け、その言葉と実際のビデオの自分の姿がまさにそのとおりだったことと、「そんなつもりはない……」という気持ちがあり、ただショックを受け、しばらくはどう子どもと向き合ったらよいのかわからなくなってしまいました。（中略）研修を通してさまざまな言葉がトゲのように引っ掛かり、日々のなかでふと自分の姿を客観的にみることができたり、「こうしてみよう

かな」という実践につながっていると思います。けっして楽しいばかりの研修ではありませんでしたが，とても勉強になり，また気づきの場でもありました。
〈感想3〉
　「子どもと同じ世界になる」「子どもの気持ちになる」「子どもの気持ちを理解して寄り添う」とはどうしていくべきなのかを研修をとおして考え，「今，子どもがどういう気持ちなのか」を理解し，受け入れていくことが大切なのだと思いました。そのときの気持ちに適した対応をしていくことの積み重ねが，信頼関係を築いていくのだと思いました。

　このように，ほとんどの保育者がビデオを見て，子どもの気持ちを考えていない自分の姿に気づきます。気づいても，どうしたらよいかわからない保育者や，自分の姿にショックを受けて泣き出す保育者もいましたが，だれもが今後は「子どもの心に寄り添って保育をしていこう」と新たな気持ちで現場に臨む姿勢がみられました。
　少数ですが「声が大きい」「怒った顔ばかりしていた」など，客観視はできているものの表面の事象にのみ注意が向いてしまい，問題の本質に気づけないことがあります。このような場合は丁寧なビデオの検証が必要です。「子どもの心に寄り添った保育をしていたか」をビデオでの子どもの表情・行動を見て，子どもの気持ちはどうなのか，その時保育者はどのような気持ちだったのか，また自分の対応はよかったのか，などと考えていけるよう助言をします。
　また，このビデオ研修は自分を客観視する力を養うだけでなく，実際の保育現場での改善点（食事の介助方法や手洗いの指示方法など）も多く見つけられました。そして，日ごろの自分のクラスだけでなく，他の年齢のクラスのようすをみることで，年齢の発達の理解が重要であることも再認識されます。
　ビデオ研修をとおして，保育者は日ごろの保育をふり返り，自分を客観的に見る力が養われます。また心理学的に考察した研修により，保育者は自己の気づきをし，子どもの内面に気づきます。保育者どうしのディスカッションもいっそう効果を上げます。子どもと同じ世界を共有できるようになると，本当の意味での保育の楽しさ・醍醐味が得られることでしょう。

（2） B保育園での取り組み——「インリアル・アプローチ」を取り入れて
● 人的保育環境

　B保育園では子どもの育ちや発達を確かなものにするために、運営計画を作成し、園目標の他に「子ども」「保護者」「保育者」それぞれに重点テーマを設けて、テーマに沿って具体的に実行項目を挙げています。「保育者」の重点テーマに沿って園内研修の企画を作成し、全職員が人的環境を大切にした理解につながる内容にしています。調理員や事務員は直接保育はしませんが、保育方針を共有することは、職種を超えた園全体の連携となり、また大人どうしのあたたかな人間関係は子どもの情緒の安定につながります。

● 運営計画

　人的環境として求められることはさまざまですが、子どもの発達を理解して保育を実践するというあたりまえのことが保育者にとってなかなかむずかしい傾向にあります。園で長時間過ごす子どもの生活を安定させ、自己活動を支えていくには、子どもの発達を理解した保育実践がなくては成り立ちません。

　保育者の重点テーマである「子どものよき理解者となる」は、職員育成の課題として継続して取り上げています。園内研修の内容は、目の前の子どもの状況に合った対応ができる保育技術の力量アップと、信頼関係を築くことをねらいとして設定しています。

● なぜビデオ研修なのか

　新年度は、どのクラスも持ち上がり担任と進級児のほかに、新担任や新入園児が加わり、子どもと保育者の関係がどうしても不安定になってしまいがちです。

　保育者は目の前にいる子どもとどう向き合えばよいのかわからず日々悩みます。保育をふり返ってはみますがよい解決法が見いだせず、「困った」状況だけを抱え込んでどうすることもできなくなり、原因が見つけられないままに自分を責めたりしてしまいます。また、最もよくないパターンとして考えられるのが「困った子」として子どものせいにしたり、「困った親」として保護者のせいにしてしまうことです。

　このような保育者の不安をなくすために、インリアル・アプローチ（p.70参照）のビデオによる研修を実施しています。時期は、クラスの雰囲気が落ち

着きを見せるころ，担任が一人ひとりの子どもの発達・気質・生活を把握できたころとしています。このビデオは大人（保育者や保護者）の子どもへの関わり方に視点がおかれ，大人の関わり方によって子どもの表出する姿が大きく変化することが画面をとおしてわかりやすく伝わってきます。保育者が抱えている「困った場面で子どもとどう向き合ったらいいのだろうか」という悩みを，専門性のある視点で具体的な技法として学んでいくことができます。

● **研修内容**

＊対象：園内の全職種の職員。保育は非常勤も参加。

＊日時：5月第3土曜日

＊当日の流れ

　①　「インリアル・アプローチ」のビデオをみる。

　②　外部講師によるビデオの解説と講義。

　③　各クラスの事例をもとに話し合いと外部講師からの指導。

　④　学んだこと，気づいたことをアンケート用紙に記入する。

インリアル・アプローチのビデオ研修のあと，アンケート用紙に感想や，自分が実践できること，したいと考えたことを記入します。アンケートは，他の保育者がどう受けとめたかを知ることも個々の学びになるので園内で共有できるようにします。休憩室にファイルしたアンケートを置いていつでもだれでも目を通せるようにします。保育者どうしがお互いを知り，理解しあうことでコミュニケーション力がアップし，保育の質が向上することにもなります。

● **研修を終えて**

〈感想1〉

　とても勉強になりました。というよりとても感動しました。「子どもと遊ばなければ，楽しませなければ」とあせっていた自分がいて，子どもの世界にとことん入り込めていない自分に気づかされました。インリアル・アプローチの前後では，こんなにも子どもの表情が違うものかと驚かされました。主役は子ども。子どもが本当に楽しめる関わり方をしたいと思いました。

〈感想2〉

　まだ小さく言葉も完全でない子どもも，人と関わりたい気持ちを持っていることを再認識しました。その気持ちの受けとめ方，返し方しだいでコミュニ

ケーションの質がこんなにも変わるのだということを実感しました。保育者としてよりよいコミュニケーションをとるために，行動の裏にあるその子の気持ちをくみとる努力の大切さを感じました。

　実践していこうと考えたことは，子どもからの動きを少し待ってみるということです。あそび，食事など生活の場において自分のペースで進めてしまいがちですが，一呼吸待って子どもの表情，動きを見てから次の声をかけるよう心がけていきたいと思います。

　また，子どもと自分の間に小さくてもオリジナルなコミュニケーション法を見つけていきたいです。言葉がまだ出る前の1歳児の子どもと日々関わりながら，その子どもと自分ならではのコミュニケーション（スキンシップ，あそびなど）を見つけ楽しんでいきたいと思いました。

〈感想3〉

　関わり方によって子どもの反応がまったく違ってくることに驚きました。子どもといっしょに楽しむ，同じ世界を見ることの大切さを感じました。自分の保育で子どもとの関わり方を思い返してみると，自分に余裕がなくなってしまうと指示語が多くなり，子どもを自分の思いどおりに動かそうとしてしまう傾向が強いと感じています。そのときの子どもの表情はきっと楽しくないものだったと思います。子どもが何をしたいのか，何を考えているのか，一人ひとりの気持ちが考えられるようになりたいと思いました。そして子どものことを信じて待てるように心がけていきたいです。子どもも自分自身も楽しく毎日が送れるようにしたいと思いました。

● **研修からの学び**

　子どもの気持ちや主体性を大切にしたかかわりをすると，子どもがいきいきとし，保育者は驚きと感動でいっぱいになりながら学んでいきます。これまでの自分の保育をふり返り「変えてみよう」と明日からの自分をイメージできるようになります。学んだことを実践してみると，子どもが安心の表情で落ち着き，コミュニケーションが取りやすくなり，楽しそうに全身で応えてくれます。そうなると保育者は子どもの見せる姿に大きな喜びを感じてきます。このような保育者が増えてくると，子どもと保育者は愛着関係でしっかり結ばれてクラスの雰囲気がなごみ，子どもにも保育者にも居心地のよい保育室へと整ってい

きます。
　「変えてみよう」の視点として，以下の学びがあります。

・保育者の思いの伝え方が子どもを追いつめる言葉や態度になっていないか。
・保育者は真剣に伝えているつもりでも子どもが変わらないのなら，伝え方も考え直す。
・子どもの成長を願い，みずから考える余地を持たせるやりとりを心がける。

　また，この園内研修が成果をあげた理由を以下に挙げます。

・保育者どうしがいっしょに学び合う場として研修の内容を共有し，共感することができる。
・ビデオから学ぶ方法がとてもわかりやすく受容できる。
・研修で学んだ応答的な心理学的技法は，子どもの状況に応じて即実践することができる。
・自分の実践例を保育者間で話し合い検証することにより，自分では気づかない点に目が向くようになり，スキルアップにつながっていく。

　上述の研修後は子どもの内面理解の重要性を意識できている保育者でも，日々保育を続けていると壁にぶつかり，悩みの迷路にはまり込んでしまうことがあります。そんなときには，個々の保育者を対象にしたビデオ研修を実施し，担当年齢の発達を理解して子どもの気持ちに添います。自分の経験のみに頼った保育は園に存在させないという考えのもと，保育者も専門性と技術を身につけながら常に成長し続けていきたいものです。

2　保護者研修

(1)　C保育園での取り組み──「講演会」を取り入れて

● 保護者の現状

　マンションに居住する核家族が多く，知的レベルは高いものの乳幼児と接したことがなく，わが子を前にとまどいや悩みを感じている母親，またフルタイ

3節　サイコエジュケーションの展開

ムで働き，時間にも気持ちにも余裕が持てずに子どもを叱りつけてしまうという母親の姿が，気になっていました。

母親のとまどいや悩みの例として以下のことが挙げられます。

・甘えとわがままの区別がつかない。
・離乳食の形態やすすめ方がわからない。
・子どもが泣いて自己主張するとお手上げ状態になる。
・大人の生活リズムに合わせた時間の流れになってしまう。
・子どもに自分の生活をじゃまされることへのいらだちを持つ。
・働いてちゃんと子育てができていないと罪悪感を持つ。

個別にはそのつど「もうちょっと軟らかく煮てあげよう」「抱っこを拒否するともっと求めるようになるから，『抱かせて』と迫ってみたら？」などと具体的な声がけをするよう努めても，毎日のあわただしい送迎時間のなかではなかなか落ち着いた伝達ができません。また，「先生はそう言うけど無理よね〜」といった感じでどこかうわのそら。お便りに記載したり子育てのプリントを配布しても，保護者の子どもに対する接し方に変化があまりないのが現実です。

● **現状からみえてきたこと**

子どもが日中不安定なようすをみせるとき，保育者の接し方を変えたり，園での対応を工夫してみても，それだけでは問題は解決できません。親として心からわが子を愛しく思うとか，家庭での子どもへの接し方を変える，ということが子どもの健やかな成長につながるのだということをどうやって伝えればよいのかと試行錯誤していました。子育てをみつめ直すきっかけとして，家庭と仕事に追われている保護者に育児についての専門家の話を聞く機会を提供することで，不安感を解消しヒントを得ることができたら，もっと子育てを肯定的に捉えられるのではないかと考えました。そこで保護者の心を支えることを目的に，研修にカウンセリングの要素を取り入れることにしました。

● **「保護者向け講演会」による研修**

園の保育指導のために巡回しているカウンセラーに保護者の現状を話し，専門家から保護者へのアドバイスをお願いしました。

第5章 ● 教育的・開発的カウンセリング

子育て講演会へのお誘い

育児ってとっても大変！……とっても楽しい！……
裏腹の正直なきもち？……

　100人100色の子育てがあります。すべてはわが子がかわいくて，よかれと思う親心で接していく積み重ねの子育てです。でも，とかく主観的になりやすいものでもあり，時どきは自分の子育てを冷静にみつめたり，ふり返ったりする客観性も必要ではないでしょうか。

　園では子育て支援の1つとして年に1回保育の専門家による子育て講演会を催しております。情報が氾濫している現代のなかで，私たち保育者も参考にしたり，指導していただいている先生のお話は自信をもってお薦めできる内容です。

　お忙しいことと思いますが，是非ご出席いただきますようご案内申し上げます。

```
講演題目　_____
講師紹介　_____
日時　　　_____
場所　　　_____
```

················キリトリ················

　　　　講演会に　　　出席　・　欠席

先生に聞いてみたいこと
_____
_____
_____

図5-8　保護者へのお知らせ（例）

本日は講演会にご参加いただきましてありがとうございました。講演はお役に立ちましたでしょうか？　今後の参考にさせていただきたいと思いますので，アンケートにご協力いただきますようお願い致します。あてはまる内容を○で囲んで下さい。

1　内容についていかがでしたか？
　　今後の子育てに
　　〈役立ちそう・役立ちそうにない・どちらともいえない〉
2　講演時間は？
　　〈ちょうどよい・短かすぎる（　　分くらい）・長すぎる（　　分くらい）〉
3　講演の日時についてはいかがですか？
　　〈平日の夕方がよい・平日の日中がよい・土曜日がよい・日曜日がよい〉
4　毎年1回このような講演会を実施していますが，頻度はいかがですか？
　　〈年1回でちょうどよい・もっと多くしてほしい（　　回）・実施しなくてよい〉
5　今後の参加予定は？
　　〈ぜひ参加する・都合がつけば参加する・参加しない〉
6　どのような内容の講演を希望されますか？
　　〔　　　　　　　　　　　　　　　　　　　〕
7　本日の講演についてご意見・ご感想があればお書き下さい。

図5−9　保護者講演会アンケート（例）

講師からの提案で，事前アンケートをとり，保護者の現在の悩みに合わせた内容を検討し，講演会のテーマの決定をしました。

テーマ：お父さんとお母さんの楽しい子育て
時間：18：00〜19：30
　　　　１人でも多くの保護者に聞いてもらいたいので，保護者の勤務に支障が少ない時間を設定。また，講演中は子どもは保育室で預かり，おにぎりを用意することで遅い帰宅になっても軽い夕食ですむようにしました。
場所：近隣の貸し会議室
　　　　講演に集中してもらうため，子どもから離れた静かな場所を選びました。
スケジュール：４月初旬　　講演依頼，打合わせ
　　　　　　　６月２日　　保護者よりアンケート回収→講師へ送付
　　　　　　　６月中旬　　電話で講演内容打合わせ
　　　　　　　６月21日　　講演内容最終確認
　　　　　　　６月23日　　講演会
講演の内容：『お父さんとお母さんの楽しい子育て』
1.　講師紹介
2.　簡単エクササイズ
3.　お母さんの役割と子育て
4.　お父さんの役割と子育て
5.　子どもの上手なほめかた，叱り方（プリントを用意）
6.　子育てで大切なこと（何を育てるか）
7.　子育てに自信を持とう（楽しくなる子育て）

　事前アンケートの検討や園の伝えたい意向も加味してもらったため，1時間半の設定にしては内容の多様なものになりましたが，何よりも伝えたかった母子関係の重要性，乳幼児期の基本的信頼関係の獲得，愛着関係の重要性について，わかりやすく例を取り入れながら話してもらいました。保育園が保護者に伝えたかった思い——働きながら子育てしていても自分の愛し方はだれにも負けないという自信を持って子どもに接してほしい。働くことに負い目を感じる

ことはない。たとえば、土日に平日遊べない分を取り戻そうとして遠出をするのでなく、ゆっくりと親子で過ごして自分にも負担とならないようにすることも大切だということ。子どもは大好きな人といっしょにいられれば楽しく、安心すること——は講師と園との事前打合わせのもと、保護者に伝えられました。

● **保護者の感想**
- リラックスできる雰囲気のなかで話を聞けました。反省させられることがたくさんありました。
- 先生の子育て実話を聞いて、安心しました。
- 何気なく育児をしていましたが、考えさせられました。
- 毎日時間に追われていて育児に関する講演会に行くことができないので、保育園でこういう企画をしてくれてありがたかったです。

● **講演会を終えて**

ふだん、保育者が保護者に伝えたいと感じながらうまく伝わらないと悩んでいたことを専門家の視点と伝達技法で、(たとえば会の最初に隣席者どうしの指先タッチで仲間意識を高めて、リラックスした雰囲気のなかで) スムーズに話してもらえました。「悩みがあって普通」というコンセプトでの話では、「子育て中は苦しいですよね」という受容と共感の話に保護者の気持ちがやわらぎ、聞く耳を持ってもらえたようです。

また、データの表示や参考になる研究結果など、話の根拠を示すことでより納得感につながったようです。登降園時の立ち話や個人面談では、悩みを聞くことや相談にのることはできますが、なかなか核心にふれるところまでいきません。

保育者も保護者といっしょに子育て講演会を聞くことで気持ちを共有することができ、お互いの距離が近くなったように感じました。

● **考察**

保護者研修は、保護者の意識を育てると同時に保育者も育つ、「共育」を目的としたいものです。子育て講演会はその方法の1つです。

「子どもがかわいい、一人ひとりの子どもを大切に思っている、精一杯細かく配慮された保育を行なっている」といった情緒面での共感が得られるように、保護者との毎日のコミュニケーションで保育者を信頼してもらうことが第一段

階です。その次に園からの発信による親の意識の育ちを願った啓発が考えられます。紙面での発信はなかなか真意が伝わりにくいものなのですが，信頼できる保育園が企画する講演会だからこそ，聞く耳を持てるということになるのでしょう。その時どきの保護者の状況を考慮しながら必要なポイントをしぼり，「子どもとはこういうものですよ」「こういうことが大切ですよ」「こういうふうに考えてみませんか？」と全般的な知識を持つことで，感覚や感情のみの子育てから一歩進んだ子育てに結びつき，これでいいのだという自信にも結びついていきます。また，保育園の考え方と保護者の考え方の一致の確認にもなります。

そして，大切なことは，このようにして方向性の確認ができたあと，個別対応をしながらより密度の濃いコミュニケーションの充実を心がけることです。一朝一夕に，話を聞いたからすぐに改善されましたというわけにはいきませんが，専門家から発信してもらったことを後日保育の場面で実現したり，くり返し伝えることで，しだいに保護者の教育観を高めていくことが可能になるでしょう。

3　子育てアドバイザー（ピアカウンセリング）の育成

(1)　ピアカウンセリングの普及
●「ピア」という言葉の意味

「ピア」は「同朋」「仲間」といった意味であり，「ヘルパー」は「援助する人」「助ける人」という意味で，この2つの言葉が合体して，「仲間どうしで助け合う」といった意味を表わす"ピアカウンセリング"（"ピアヘルピング"とも言われますが，ここではピアカウンセリングという用語で論を進めます）がカウンセリングの用語として使われるようになりました。これまで，カウンセリングは個別に専門家が行なうものとして捉えられていましたが，問題が起きてからカウンセリングを受けるという事態になる前に，予防的，開発的，教育的にカウンセリングを活用しようという動きが活発化し，このピアカウンセリングという援助方法が広まりつつあります。日本教育カウンセラー協会（2001）はピアヘルパーという資格に関する著書で，仲間へのカウンセリングを行なう人を「ピアヘルパー」とよび，ピアヘルピングのプロセスを「旅の道

連れ」といった言葉で説明しています。援助する人もときには援助され，援助されていた人もときには援助する……といった人生の伴走者という意味を含んでいます。そして，「旅の道連れ」になることは「話し相手になること」「荷物番をしたり荷物を背負ってあげたりすること」「仲間に生への意欲を与えること」と，その援助の内容を説明しています。

● ピアカウンセリングの広まり
【子育てネットワーク】
　子育て真っ最中の母親，特に乳幼児を抱える母親を対象に，公民館や児童館などが子育て講座や子育てサークルといった地域における子育てのネットワークを積極的につくる工夫をしています。以前は子育てに関する講座は単発のものが多かったのですが，近年は連続講座というかたちで開催され，講座参加者が子育てという同じテーマをとおして「仲間」になり，助け合ったり，話し相手になるといった関係ができることを願って運営されるようになってきています。まさにピアカウンセリングの広がりです。連続講座の内容も，コミュニケーションを促進するカウンセリングの技法を盛り込んだものが増えてきています。

　たとえば，K市の公民館では「心を美学(みがく)」というタイトルで，心をブラッシュアップ（磨く）という言葉とかけ，地域住民のコミュニケーションを促進し，子育てを取り巻くネットワークの育成をめざしています。

【子育てアドバイザーの育成】
　公民館や児童館での数回の一般開放型の講座ではなく，より積極的に子育てネットワークのリーダー育成に取り組んでいるケースも増えています。子育ての仲間づくりを積極的に推進し，ネットワークをつくり，仲間どうしで子育てを楽しいものへと転換しようという動きです。このリーダーの呼び名は地域やボランティア団体（NPOの団体も増えている）により「子育てサポーター」「子育てアドバイザー」「子育てヘルパー」とさまざまではありますが，期待される役割と機能はほぼ同じといえます。

　この子育てネットワークのリーダー育成にもカウンセリングの知見がいかされています。カウンセリングの基本はコミュニケーションであり，人間関係をとおして行なわれる意図的な営みであるため，その基本技法は人の援助や，人

間関係を促進するために有効に機能すると考えられているからでしょう。

　ある子育てアドバイザーの育成のプログラムでは「子育てにいかすコミュニケーション」といったテーマで，カウンセリングの基本技法である「傾聴」を学習できるように，ロールプレイ（役割演技）を取り入れています。また子どもの発達を理解し，仲間の援助に役立てようと「乳幼児期の発達の理解とその援助」といった，まるで保育士の発達心理学の講義のような内容を盛り込んでいる団体もあります。さらに，子育ての仲間のよきリーダーとなるための「リーダーシップ論」などを学んでいる保護者もいます。

【子育て支援事業とピアカウンセリング】（ファミリーサポート事業から）

　エンゼルプラン，新エンゼルプランといった子育て支援事業がスタートして地域の資源をいかす取り組みとして，「ファミリーサポート事業」が展開されています。この取り組みは，構造化されたピアカウンセリングと捉えることができるでしょう。ファミリーサポートセンターは地域における子育てを援助したい人（提供会員）と，子育てを援助してほしい人（依頼会員）を会員というかたちで組織し，会員間の援助活動の調整を行なって子育て支援をする組織です。つまり，提供会員と依頼会員の「お見合い」と「契約」をファミリーサポートセンターが「仲人」となって仲介し，子育ての実質的なサポートと心理的なサポートを実現しようというものです。ピアカウンセリングの地盤づくりをしているともいえるでしょう。実際，提供会員の登録をするためには，数時間から数日かけて保育や子育て，支援するための知識などの学習（特に，傾聴や受容，共感といったカウンセリングの技法）が義務づけられているケースが多いようです。

　このファミリーサポートセンターは市町村レベルで設置されており，運営は地域の特性をいかすため市町村によって異なります。図5－10はK市のファミリーサポートセンターの援助活動の流れを図示したものです。

（2）　ピアカウンセラー育成の視点

　仲間どうしの援助を広義に捉え，「ピアカウンセリング」として紹介してきましたが，その援助にあたる人には「○○アドバイザー」「○○ヘルパー」といった数多くの呼び名があります。そこで，ここではそれらを「ピアカウンセ

3節　サイコエジュケーションの展開

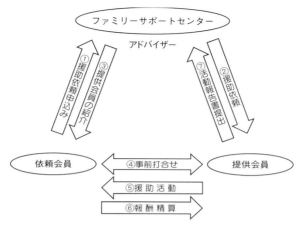

図5－10　ファミリーサポートセンターの援助活動の流れ（K市ファミリーサポートセンター資料より）

ラー」と総称して，その育成のポイントを紹介します。

● **カウンセリングの基本を知る**

　ピアカウンセリングは仲間が行なうため，自己流でもいいのではといった議論があります。しかし，少なからず援助することを目的としているならば，カウンセリングの基本を学ぶことが必要でしょう。日本教育カウンセラー協会（2001）はピアカウンセリングについて，「この道づれは基礎知識をもった道づれです」と言い，さらに基礎知識は重要ではあるが，自分自身をプロのカウンセラーと思い込み，にわかカウンセラーとしてふるまうことの危険性についても言及しています。そして，ピアカウンセリングの関係領域として，カウンセリング，教育，心理療法，人事・労務管理などを挙げて基礎学習の重要性を示唆しています。

● **リレーションの形成のこつをつかむ**

　ピアカウンセリングは仲間どうしが支えあうプロセス，人間関係なので，信頼関係が形成されなければ安心して援助してもらうことはできません。そのためにも，人間関係を積極的に育成し，よりスムーズに形成することが求められます。このような人間関係を育成する代表的なアプローチが，「構成的グループエンカウンター」です。

第5章 ● 教育的・開発的カウンセリング

このアプローチはグループをとおして行なわれ，そのねらいはふれあい体験と自他理解とされていますが，援助するものとされるもののリレーションを形成するこつを提供する，有効なカウンセリングの技法です。構成的グループエンカウンターの詳細については本章1節を参照してください。

● **援助技術を身につける**

第2章，3章，4章で紹介している，技法やアセスメント，そして発達を理解する視点については，ぜひ学習して援助に活用してほしいと思います。プロのカウンセラーではないので，基本的な技術や発達に関する知識を持っていれば自分の支えとなります。援助する側が自分に自信が持てないと，結局相手との関係が成立しないばかりか，相手を傷つけてしまう結果になりかねません。誠意を持って接するためにも，基本的な技術や知識を身につけて援助にのぞみましょう。

● **援助の留意点**

ここでは，ピアカウンセラーに求められる心構えと，子育てに関するピアカウンセリングにおいて共通する留意点を挙げておきます。

・私的になりすぎないこと

　援助していく過程で，リレーションが形成されはじめると，個人的な内容についても打ち明けてくれたり，相談にのってくれたりといった場面に遭遇します。しかし，プライバシーについてあまり深く関与すると抜き差しならない関係にも発展しかねません。お金を貸す，個人的な葛藤場面に立ち会うといった，第三者が関与しないほうがよい場面では，しっかりとあくまで援助者としての分をわきまえて接することが大切です。接し方しだいでは相手の自立を阻む結果にもなるので注意が必要です。

・役割以外のことはしない

　あくまでも仲間を援助し援助される関係ですから，プロのカウンセラーのように心理テストを行なったり，医者に行ったほうがよいケースに対してアドバイスをすることなどはしてはいけません。役割を超える課題にぶつかったときは専門家に任せ，役割以外のことはしないことが肝要です。

・秘密は守る

3節　サイコエジュケーションの展開

　守秘義務というものがプロのカウンセラーには義務づけられており，ピアカウンセリングにおいてもそれと同様に，援助する過程で出会った個人的な情報は口外しないことが原則です。相手との関係を壊すだけでなく，人としての信用も失うことになります。秘密を守れるということがピアカウンセリングにおいても当然求められる人間性なのです。

第6章

保育カウンセリングにおける連携

1節
子育て支援に求められる「つながり」とは

1　子育ての支え方の変遷

　過去の子育て支援に関する施策をふり返れば，そこで整えられるシステムや支援の内容は「個々の保護者や家族の姿をどのように見るか」という支援者側の捉えと密接に関係してきました。たとえば90年代，「母親は生得的に子どもを愛おしく思うはずである」という母性愛や3歳児神話が根強いころ，「子育ての責任」は保護者（しかも母親）に過度に委ねられていました。虐待事例においては「虐待をするような"特別な親"は子育て不安やストレスが高い。だから悩み相談，カウンセリングが必要だ」ということで大阪・東京をはじめ全国各地に虐待ホットライン（電話での悩み相談等）が設置されていきます。「それがあれば，保護者の心配は減り，虐待も減るはずだ」という前提です。90年代以降子育て支援の理念と必要性が徐々に周知されてきたころには，「どんな保護者も子育ての不安や悩みを抱える可能性がある」「最初から完璧な親なんていない」という前提のもと，保護者にとって身近な保育所等の地域資源が支援の中核を担うようになってきました。昨今ではどうでしょうか？　赤ちゃんが産まれてきた家庭を専門員が訪問する「こんにちは赤ちゃん事業」，福祉・教育・保健・医療・警察等の関係者が集まり地域の虐待問題などを協議する「要保護児童対策地域協議会」，幼児期から学童期への接続を支えようと

する「幼保小連携」など，これまで以上に子育て支援のレパートリーが増えてきました。しかし，こうした量的拡大だけが昨今の特徴ではありません。むしろこうした支援の「つながり」にポイントがあります。

2　「つながり」で支える子育て

　なぜ支援あるいは支援者同士の「つながり」が大事なのでしょうか？　個々の支援者が自らの専門性を磨き，対処するのではだめなのでしょうか？　下記の事例から考えてみます。

● **事例1：板ばさみになり，ますます困ってしまう母親**
＊家族：父親，母親，姉（小学校3年生），弟（幼稚園4歳）
＊支援者：幼稚園教諭，障害の専門機関

　この事例では，弟は多動傾向が強く，家で言うことを全く聞かないため，母親は大きなストレスを抱えていました。父親は4年前に交通事故に会い，右手を動かすことができなくなって以来，仕事を転々としている状況で，現在は仕事を探しながら生活保護を受給しています。父親は日々余裕がないなかで，言うことを聞かない本児にイライラが募り，手を出してしまうこともありました。

　幼稚園の夏休みが終わり1か月過ぎた10月ごろ，じっとしていないようすを見かねて担任の先生は「この子はAD/HD（注意欠如・多動性障害）かもしれません」「お父さんとも相談してぜひ専門機関を受診されてはどうでしょうか」と母親に伝えます。母親は「わかりました…」と答え，父親に相談しますが，自らも余裕がない状況で父親は「そんなことはない！お前の育て方が悪いんだ」と母親を罵ります。母親は不憫な父親を思い，また消極的であったため言い返すこともできず，園の先生と父親との間で板ばさみになってしまいました。

● **事例2：忘れ物をめぐるトラブル**
＊家族：母親，娘（在宅2歳）
＊支援者：保健師，児童相談所，保育所

　母親は1年前に離婚し，在宅で子どもを育てていました。ただし，母親には軽度の知的障害があり，子どもを家においたまま買い物に行くなどネグレク

トの傾向にありました。子どもとの接し方がよくわからず，1歳半健診で言葉が出ていなかったことも含めて，担当の保健師は児童相談所と連絡を取り合います。その後，「現在の家庭の状況は，本児の安心と健全な発達に向けて不適切な養育状況と言わざるをえない」という児童相談所の判断のもと，保育所への入所を勧めました。

保育所入所後は，子どもの生活も安定し，言葉も少しずつ増えだしてきました。ところが入所直後，保育所で使う子どものコップ（毎日持ち帰り家で洗うことになっている）が持ち物袋のなかに入っていないことに保育士は気づきます。保育士は1週間に2回ほど保護者に「すみません。コップとタオルは毎日洗って持ってきてもらっていいですか」と伝えます。保護者は毎回怪訝な顔をして無言で立ち去ります。こんなことが数日続いたある日，突如保育所に来なくなってしまいました。困った保育所は児童相談所に相談します。お母さんと定期的に面会していた児童相談所の方から「お母さんは言葉だけではどうしても忘れてしまうので，連絡帳に絵といっしょに書いて残してもらってもいいですか」「100％はまず無理なので，できない日があってもあまり気にしないでもらえますか」とアドバイスを受け，その後はなんとか継続的に保育所に通ってもらうことができました。

2つの事例ともに，保育者は「なんとかしよう」と良かれと思い，支援を提供していました。しかし，そうした支援はときに逆効果になることもあります。家族の抱えるニーズは年々複雑かつ多様化しており，1つの支援機関・支援者が持つ少ない手段だけでは限界があります。そこで昨今の支援の方向性として「つながり」が重要になってきたのです。

3　家庭のニーズに即した「つながり」

では，個々の家庭に対して，どのように「つながり」を大切にした支援を展開させていけばよいのでしょうか。ここでは家庭が抱える子育て上のリスク（危険性）に注目してみます。

個々の家庭の姿に同じものは1つもありません。同様に個々の家庭が抱えている問題や子育てを行なううえでの危険性（リスク）には多様性が認められます。たとえば，「養育スキルの欠如」「育児の孤独化」「子どもの障害」「保護

第6章 ● 保育カウンセリングにおける連携

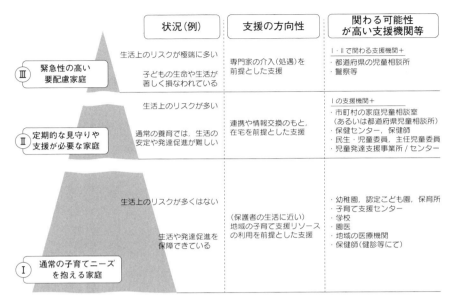

図6−1　子育て困難の階層とそれに応じた支援のあり方

者の精神疾患」「経済的困窮（生活保護世帯）」「家庭不和（DV，母子・父子家庭等含む）」，また昨今の現状をふまえれば「仕事と家庭の両立（のむずかしさ）」「（医療の進展にともない増えてきた）未熟児の出産」などです。

近年，児童福祉や公衆衛生あるいは学校心理学等の分野にて「リスクの多さや複雑さが，個々の家庭の抱える問題（ニーズ）を形作る」という認識のもと，その状況ごとに支援や連携の内容・規模を変えようとする考え方が広まってきています。それを模式的に表したものが図6−1です。

Ⅰの「通常の子育てニーズを抱える家庭」では，子育て上のリスクを多少抱えつつも，そうした逆境に立ち向かう抵抗力や回復力を持っており，周囲の支援者とともに子育てを行います。ここで想定されうる支援者は，その家庭にとって身近でアクセスしやすい保育所や子育て支援センター等です。

Ⅱの「定期的な見守りや支援が必要な家庭」では，子育て上のリスクを通常よりも多く持っていることが想定されます。そうしたリスクはもともと持っていたものもありますし，保護者の離職，事故や病気，転勤や引っ越しなどにより突如もたらされるものもあります。多くのリスクを抱えながら変化し続ける

家庭の姿を，1つの支援機関がすべて把握することはとてもむずかしいことです。市町村の児童家庭支援室や保健師など，その家庭の全体を知りやすい支援者が中心となって適宜の情報収集・調整を行ない，（Ⅰの支援機関を含めた）各関係機関が役割分担を行ないながら支援にあたることが望まれます。

Ⅲの「緊急性の高い要配慮家庭」では，家庭内に複数のリスクがあることに加えて個々のリスクの重篤性が高い傾向にあります。こうした場合，子どもの生活や生命に重大な問題がもたらされているのはもちろんのこと，保護者自身，どうにもできないほど非常に困っている場合もあります。支援にあたってはたとえば，虐待事例では一時保護・施設入所などの行政処遇，障害児支援等であればレスパイト（施設等が養育を一時的に代替し，保護者を休ませること），保護者の精神疾患であれば当該者の入院など，「分離」を前提とした介入を，児童相談所や警察など強い権限を持つ機関を中心に行なう必要があります。ただしこの際，保育所をはじめ地域の支援機関に役割がないわけではありません。つまり温かい眼差しのもと「家庭の持つリスクを減らす」という役割を担うことができます。リスクすべてを解決することはむずかしいかもしれませんが，そのリスクが1つでも減れば重篤な問題の頻度や程度が減る可能性が指摘されています（小林，2007）。こうした点からも，頻繁かつ密接に子どもと保護者に接している保育所等の重要性は言うまでもありません。

家庭のおかれている状況に応じて，求められる支援の内容や規模あるいは連携の程度は全く異なります。こうした前提を考慮に入れたうえで，以下，家庭の困り感に対応している専門機関とその役割について述べていきます。

2節　身近な地域との連携

1　民生委員・児童委員，主任児童委員

民生委員は，「厚生労働大臣から委嘱され，それぞれの地域において，常に住民の立場に立って相談に応じ，必要な援助を行い，社会福祉の増進に努める

方々であり，「児童委員」を兼ねています。児童委員は，地域の子どもたちが元気に安心して暮らせるように，子どもたちを見守り，子育ての不安や妊娠中の心配ごとなどの相談・支援等を行います。また，一部の児童委員は児童に関することを専門的に担当する「主任児童委員」の指名を受けています（厚生労働省 HP）。無報酬でボランティアとして活動しており，定める要件を満たす人が委嘱されます。全国で約23万人が活躍しており，民生委員・児童指導員のうち2万1千人が主任児童指導員として活躍しています。

民生委員，児童指導員の活動は，社会調査，相談，情報提供，福祉サービスを受けられるような連絡通報，調整，生活支援，意見具申です。担当する区域において住民の生活上のさまざまな相談に応じ，適切な支援やサービスの「つなぎ役」としての役割を果たすことが求められています。主任児童委員は子どもや子育てに関する支援を専門に担当しています。

2　子育て支援拠点事業（子育て支援センター等）

家庭のなかで子どもを育て，不安や悩みを相談することができずに，1人で子育てを抱え込むことにないよう，親の就労の有無にかかわらず，すべての子育て家庭を支える取り組みとして子育て支援センター等の子育て支援拠点事業があります。子育て支援センター事業やつどいの広場事業による子育て支援の拠点づくりに加えて，平成19年度からは児童館の活用も図り，新たに地域子育て支援拠点事業（ひろば型，センター型，児童館型）として再編し，身近な場所に親子で集まり相談や交流ができるよう拡充が図られています。

子育て支援拠点事業の内容は，①子育て親子の交流の場の提供と交流の促進，②子育て等に関する相談，援助の実施，③地域の子育て関連の情報の提供，④子育て及び子育て支援に関する講習等の実施となっています。上記の3つのタイプがあります。

「ひろば型」とは「常設のひろばを開設し，子育て家庭の親とその子どもが気軽に集い，うち解けた雰囲気のなかで語り合い，相互に交流を図る場」の提供を行なっています。対象となる親子はおおむね3歳未満です。ひろば型では週3日以上，1日5時間以上の開所が求められています。

「センター型」は「地域の子育て支援情報の収集・提供に努め，子育て全般

に関する専門的な支援を行なう拠点として機能するととともに，既存のネットワークや子育て支援活動を行なう団体等と連携しながら，地域に出向いて地域支援活動を実施する」としています。ひろば型に加えて，地域支援活動を実施することが求められており，職員も保育士や看護師など，育児，保育に関する相談指導等について相当の知識・経験を有する職員をおき，開所時間も週5日以上，1日5時間以上の開所が求められています。

「児童館型」もひろば型と同様の事業ですが，実施場所が児童館で週3日以上，1日3時間以上の開所が求められています。

ある子ども家庭支援センターの例をみてみましょう。開所時間が火曜から土曜の10時から16時，開所時間中なら親子が好きな時間に来て好きなだけいてよく特に予約は要りません。持参した昼食を食べることもできます。館内は大きな遊具，小さな遊具があり，思い思いに過ごすことができます。育児の講座や子どもの工作タイムなども行っています。スタッフは保育士2名を含む6名の常勤と3名の非常勤です。スタッフは親の育児相談にも気軽にのり，掲示板には育児サークルなどさまざまな地域の育児情報がはられています。月のべ1,400人の利用者があります。

核家族化で子育ての分担や知恵の伝授ができない，少子化でまわりに同じくらいの年齢の子どもがいない，近所づきあいの減少などから育児について1人で悩み抱え込まないように，またはじめての育児で育て方がよくわからない，育児の不安や悩みを抱える親に対して気軽に行くことができるこのような場につないでいくことが求められます。そのなかで親自身が悩みを解消し前向きの子育てができ，また交友関係をつくり，広げ，地域のなかで生き生きと子育てしていけるようになることが望まれます。

3　児童家庭支援センター

1997（平成9）年の児童福祉法改正にともない，児童福祉施設に附置された相談援助事業を展開する施設です。児童虐待，不登校，発達障害等に対するケアなど専門的援助が必要な家庭に対し，早期に支援を展開することが求められています（全国児童家庭支援センター協議会HP）。業務は①地域家庭からの相談に応じる業務，②児童相談所からの委託による指導，③関係機関との連絡

調整，④市町村の求めに応じる事業となっており，たとえば電話や面接による相談，子育て講座，子育て広場，ショートステイ事業，トワイライトステイ事業，市町村からの依頼の応じた相談員等の派遣など多様な事業を行なっています。なお対象は就学前の子どものみではありません。全国に86か所あります。どこに設置されているか確認しておくことが必要です。

4　児童発達支援センター

2012（平成24）年の児童福祉法の改正により，以前は「知的障害児通園施設」「難聴幼児通園施設」「肢体不自由児通園施設」「児童デイサービス」「重症心身障害児（者）通園事業」等障害種別に分かれていた施設が一元化され，「児童発達支援センター」または「児童発達支援事業」，「医療型児童発達支援センター」となりました。これは施設が複数の障害に対応できるようにし，最も身近な地域でサービスを受けることを狙っています。

「児童発達支援センター」「児童発達支援事業」（以下「児童発達支援事業等」とします），「医療型児童発達支援センター」はいずれも障害のある子どもを通所させて，日常生活や運動，認知，言語などの発達支援を小集団，個別といった形態で行なう施設です。同時に保護者に対する支援・指導も行ないます。対象は主に就学前の子どもです。なお児童発達支援の他に，放課後等デイサービス，保育所等訪問事業を位置づけられました。「医療型児童発達支援センター」は，対象となる児童が児童発達支援に加えて医療の提供を行ないますが，上肢，下肢または体幹の機能の障害のある児童が対象となります。

児童発達支援センター等では利用する子どものニーズにあわせて多様な支援を行なっています。幼稚園，保育所に日々通う子どもが月に数回指導を受けられる並行通園や，子どもの様子が気になるという保護者の相談も受けています。職員も，児童支援員，保育士，心理士，社会福祉士，理学療法士，作業療法士，栄養士など多様な職員がいます。

児童発達支援センター等に就学まで通う子どももいますが，通過施設としての役割が大きく，年齢が低い間はここに通い，3，4歳で幼稚園，保育所で保育を受ける子どもも多くいます。また，近年発達障害児が多く通っていることも特徴です。

ある児童発達支援センターでは「相談部門」と「通所部門」の2つがあります。相談部門は予約により相談を受けています。相談内容は多様で，落ち着きがないなどの行動上の問題，ことばの問題，運動上の問題，集団でうまく過ごせない，育児の不安など多岐にわたっています。通所部門もニーズにあわせたいくつものグループを持っています。3歳以降の「毎日通園グループ」は給食を食べて2時に降園しています。1，2歳を中心として週に1，2回母子で通ってくる「母子通園グループ」，幼稚園，保育所に通っている子どもが午後，月に数回通う「並行通園グループ」もあります。これらの集団指導の他に，理学療法，作業療法，言語指導，心理指導など個別指導も行なっています。

　これらの施設は身近な地域のなかにあり，障害に関する専門的な知識を最も有する機関であるといえます。おそらく保育所や幼稚園の先生，幼児を対象とした相談を行なっている人が最も連携する施設といえるでしょう。ニーズがある親子をこうした場につないでいくことや，必要に応じてさまざまな形で連携していくことが求められます。

3節　保健福祉センター・医療機関との連携

1　保健福祉センター（保健所）とのかかわり

　保健所は住民の公衆衛生活動を担う機関であり多様な業務を担っています。したがって，職員も医師，保健師，栄養士，臨床検査技師，獣医師，薬剤師，社会福祉士など多様な職員がいます。2008年4月から保健所と福祉事務所を一機関に整理し保健福祉事務所となりましたが，「○○保健所」という名称を使用してよいことになっています。保健所の業務についてはたとえば政令指定都市A市のA区保健所は，健康課，子ども支援課，高齢障害支援課，社会援護課（担当地域により2課に分けている），に分かれて表6-1に示すような多様な業務を行なっています。

第6章 ● 保育カウンセリングにおける連携

表6-1　A区保健所の例

健康課	すこやか親子班	乳幼児健康診査 育児相談 訪問指導 母子健康手帳の交付 母親＆父親学級 育児に関する講演会 養育医療・自立支援医療（育成医療） 特定不妊治療費助成
	健康づくり班	介護予防教室 健康教育 健康相談 訪問指導 食生活改善・健康づくり教室 ヘルスサポーター養成教室 歯科相談
	こころと難病の相談班	精神障害者保健福祉手帳及び自立支援医療費(精神通院)の申請受付 精神保健福祉相談 デイケアクラブ 特定疾患の申請受付及び相談 小児慢性特定疾病及び市ぜんそく等小児指定疾患の申請受付 肝炎治療医療費の申請受付等
子ども家庭課	子ども家庭課	保育所 子どもルーム 児童手当 児童扶養手当 母子・父子家庭等医療費助成 子ども医療費助成 児童に対する福祉の相談
高齢障害支援課	高齢支援班	高齢者に対する福祉の相談 在宅高齢者等おむつ等給付事業 要援護老人等日常生活用具給付等事業 敬老事業 民生委員・児童委員
	生涯支援班	心身障害者（児）に対する福祉の相談 身体障害者手帳及び療育手帳の交付 身体障害者・知的障害者・精神障害者の介護給付費，訓練等給付費，地域生活支援給付費の支給 自立支援医療（更生医療）の支給 補装具費の支給 日常生活用具費の支給 心身障害者（児）医療費助成 特別児童扶養手当 障害児福祉手当及び特別障害者手当 市福祉手当（者・児）

3節　保健福祉センター・医療機関との連携

		福祉タクシー 自動車燃料費 重度障害者等住宅改造費助成
	介護保険室	介護保険被保険者の資格の得喪 介護保険料その他の徴収金の賦課及び徴収 介護保険料その他の徴収金の徴収猶予及び減免 介護保険に係る認定 介護保険給付（被保険者に代わり事業者に支払うものを除く） 高額介護サービス費等の貸付け 介護保険に係る第三者求償事務の受付及び調査 介護認定審査会（合議体に限る）
	保健福祉総合相談窓口	保健及び福祉に関する総合相談 地域福祉計画推進協議会の運営
社会援護 第一課 第二課	社会給付班	生活保護法に基づく保護費の給付及び医療券，介護券等の交付及び点検 中国残留邦人等支援法に基づく支援給付の給付及び医療券，介護券等の交付及び点検 原爆被爆者慰問金の支給 戦没者遺族等の援護 住居確保給付金の支給
	保護班	生活保護法に基づく保護の決定及び実施 生活保護法に規定する要保護者に係る相談及び助言 中国残留邦人等支援法に基づく支援給付の決定及び実施

特に保育カウンセリングをする者にとって関係が深いと思われる「乳幼児健康診査」を中心に述べたいと思います。「乳幼児健康診査」とは1歳6か月児健診，3歳児健診です。ここでは保健指導とともにいわゆる障害の早期発見がなされています。3歳児健診以前の早期に障害を発見したいと1歳6か月児健診が始まりましたが，1歳6か月で障害の確定診断をすることはむずかしく，多くの場合障害が疑われる子どもを「あそびの会」などの名称で遊びやしつけの指導をしながらフォローアップをする集まりが設けられています。この期間に障害が明確になれば，児童発達支援センター等へつないでいくことになります。この他に保健師による新生児訪問，子どもの発達の心配，育児の困難などについての育児相談なども行なわれています。このように保健所は子どもの健やかな成長のための，最も最初から身近なさまざまな業務を担っています。気軽に相談できる場として連携，活用が求められます。

2　医療機関とのかかわり

医療機関は診断と診断にともなう医療の提供を行なっています。保護者が子どもが病気ではないかと思う時に受診することになりますが，聞こえのことであれば耳鼻科，視覚の問題であれば眼科，運動のことであれば整形外科，行動上のことや気になる習癖などは小児科か小児精神科などと分かれています。聞こえが気になり耳鼻科を受診し難聴が発見されれば，そこで補聴器のフィッティングやフォローアップ，大きな病院の耳鼻科であれば定期的に言語訓練をしてくれます。視覚，運動も同様で，眼鏡，補装具やリハビリテーションまで行なうところが多くあります。

保護者から心配であるとの相談があれば状態に応じた医療機関の受診を勧めることになりますが，しかし保護者がまったく心配していない状態での医療機関受診の勧めは，「あなたの子どもは問題がありますよ」「あなたの子どもは障害があるのでは」ということを伝えることにもなりますから慎重に行なうべきでしょう。まずは保護者の気持ちにそったかかわり，カウンセリングが求められます。

4節 児童相談所との連携

　児童相談所は児童福祉法第12条により都道府県・政令指定都市（一部中核市を含む）に設置されている児童福祉の第一線機関です。子どもやその家族からの相談を受け，市区町村の相談の支援協力をし，医学的，心理学的，社会学的判定を行なうとともに，必要に応じた支援を行なうところです。

　なお頻繁に児童虐待のニュースを聞く方にとっては，「児童相談所＝虐待対応」という認識が強いかもしれませんが，そうした虐待対応は児童相談所が担う業務の一部です（図6-2）。虐待対応を含む「養護相談」は全体のうち約3分の1であり，その他に手帳の交付を含めた障害児への福祉的支援に関する「障害相談」，非行やそのおそれのある子どもへの対応に関する「非行相談」等の業務も行なっています。わが国の児童福祉の展開において児童相談所が大きな後ろ盾となっていることがわかります。

図6-2　児童相談所における相談の種類別対応件数（厚生労働省，2014より作成）

1　児童相談所の仕組み

　児童相談所は図6-3のように，相談があればすぐにスタートする仕組みになっています。18歳未満の子どもの相談を受ける機関であるため，さまざまな相談が寄せられ，大きな権限も含めて周囲とのかかわりのなかで幅広く問題解決に携わっています。

　なお，これまで虐待相談は年々増加しており，人口数十万人に1つという規模の県の児童相談所が，すべての事例に対応することが困難になってきました。また親子分離を含めた家族への「介入」と家族の再統合あるいは家族機能の維持を目的とした「在宅支援」のバランスをとることのむずかしさ（つまり

第6章 ● 保育カウンセリングにおける連携

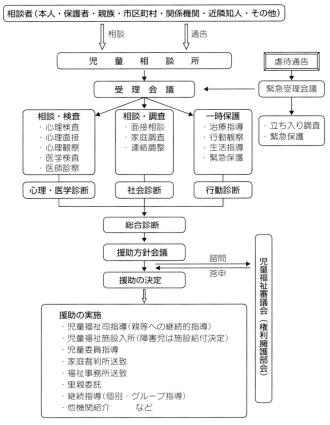

図6−3 児童相談所の相談の流れ

は児童相談所と家族が敵対構造になりやすい) も，児童相談所は抱えていました。こうした理由から，より保護者の生活に近い市町村の役割が重要視されています。具体的には2004年10月には児童虐待防止法の改正にともない，通告義務の範囲に市町村の窓口も加えられました。また2005年4月には児童福祉法の改正により，要保護性が高くなく在宅支援が可能なケースに対しては，児童相談所や他の関係機関の後方支援のもと，市町村が相談・調査・指導等を行なうことが求められるようになっています。特に比較的多くの市町村（特に市）に設置されている「家庭児童相談室」については，必ずしもすべてに専門

職員が配置されているわけではありませんが，第一線で活躍しうる身近な地域資源として注目されています。

児童相談所や市町村の家庭児童相談室等が行なう実際の「相談」の流れは，①受付→②受理面接（インテーク）→③当面の対応策の協議（次回面接等の約束）→④必要な検査，面接，調査等の実施→⑤所内で対応策について協議検討（援助方針会議）→⑥処遇方法の決定→⑦決定事項の実施（継続指導，施設入所，児童福祉司指導など）となっています。③以下の手続きは，繰り返すなど臨機応変に工夫されます。

2　児童相談所や家庭児童相談室等とのかかわり

保育所・幼稚園あるいは認定こども園等で子どものプロフィールを確認していくと，ときどき児童相談所に通っている子どもに出会うことがあります。気になる子どもの話を聞くときに，児童相談所や家庭児童相談室等とのかかわりがあるかを確認しておくことが必要です。家族の了解が得られれば，児童相談所等と連携を取りながら子どもと家族を支援していくことができます。

（1）　保育所・幼稚園・認定こども園との接点

保育所・幼稚園・認定こども園と児童相談所等とのかかわりはどのようなときに始まるのでしょうか。以下にその接点を紹介します。

- 虐待の通報を市区町村の相談窓口に行なった後，家庭児童相談室や児童相談所が直接保育所・幼稚園に連絡してくるとき。
- 要保護児童対策地域協議会の席上で，保育者や児童相談所職員がメンバーの一員として出席したことによってかかわりを持ったとき。
- 保育所・幼稚園・認定こども園に入園している子どもの障害や養護などの件で，保健センター経由で，あるいは直接児童相談所から問い合わせがあったとき。
- 保育所・幼稚園・認定こども園が直接児童相談所に，虐待あるいは虐待のおそれがあると通報したとき。
- 保育所・幼稚園・認定こども園が集団の不適応や何らかの障害のことなどで子どもの相談を依頼したとき。

- 保育所・幼稚園・認定こども園が子どもの家族の疾病や事故などで子どもの処遇について相談をしたとき。
- 保育所・幼稚園・認定こども園が保護者や職員の研修の講師を依頼したとき。
- 子どもへのかかわり方などについて，保育者が児童相談所に相談したとき。
- 保育所・幼稚園が児童相談所にかかわりのある子どものことを問い合わせたとき。

（2） 家族との接点

　家族はどんなときに子どものことで困ったり，心配になって児童相談所等に相談するのでしょうか。図6-2に示した相談の種類と照らし合わせながら，以下さまざまなケースを紹介します。

- 子どもを乳児院や児童養護施設に入所させたいとき（養護相談）。
- 子どもを障害児支援施設に入所・通所させたいとき（障害相談）。
- 家族，きょうだいの疾病などで子どもの養育ができない状態になってしまったとき（養護相談）。
- 家族が「虐待をしている」「虐待ではないか」「虐待してしまいそう」と自ら思ったとき（養護相談）。
- 保育所・幼稚園・認定こども園で集団に入れないなど子どもの様子が気になったとき（育成相談）。
- 友だちと遊べない，言葉が遅い，歩くのが遅いなど，他の子どもと発達が違っていることが心配なとき（障害相談あるいは育成相談）
- 知的障害がありそうで，療育手帳の給付に該当するかもしれないと思ったとき（障害相談）
- 自閉症，発達障害，学習障害などを心配したとき（障害相談）
- 家のお金を持ち出す，外にいて夜まで帰ってこない，乱暴で困る，言うことを聞かない，などを心配したとき（非行相談）。
- 登園拒否や緘黙（保育所等でしゃべらない），こだわりが強いなどの子どもの対応に困ったとき（育成相談）。
- 保健センターや現在所属しているところから勧められたとき。たとえば，

健診のあとや保育所・幼稚園・認定こども園に入園してから，多動，落ち着きがないなどの理由で勧められる場合があります（育成相談）。

(3) 児童相談所の対応

　基本的に，家族からの話を聞くことから相談が始まります。調査・検査（発達検査や知能検査・健康状態チェック等）を行ない，家族の置かれた状況を，多角的な視点から把握・検討したうえで，支援や処遇を決定します。家族や子どもが自分で対処できると感じて終了となるのが一番いい終わり方だと思います。1つの課題が改善するとそこで終了となり，また必要が生じたときにいつでも再開できるように個別の記録が作られています。ただし，すべての記録が永年保存されるわけではないので，前回の相談終了から長期間経ってしまうと改めて相談開始ということもあり，確認が必要です。

　以下では，通報や相談の内容ごとに，処遇や支援の経過例を示します（図6－3参照）。

● **児童虐待の通報の場合**

　児童相談所は虐待の通報を受けると，緊急受理会議ですぐに初期対応の方法を決定（場合によってはこの段階で立ち入り調査や緊急保護を行ないます）→調査開始→必要関係機関と協議→子どもの安否や事実確認→通報機関や警察や病院等を含めた関係機関への協力要請へと動いていきます。

● **養護相談の場合**

　子どもの保護者が病気になったり，次の子どもの出産，養育疲れなどで子どもの養育が困難になった場合は，一時保護所（児童相談所に併設されている），乳児院，児童養護施設，里親などで一時保護ができます。保護者の急病や家出など緊急の場合も対応できるので，状況確認ができたら早めに相談をするとよいでしょう。

● **障害などの相談の場合**

　家族などから現状や成育歴など，相談内容を聞く面接をします。児童相談所内の心理士等が子どもの心理診断を行ない，必要に応じて医師診察などを行なったうえで，家族と子どもへの助言や継続的な指導を開始します。または，障害児支援施設など他の機関による対応が適切と思われた場合は，その機関へ

の紹介を行ないます。

　また療育手帳や身体障害者手帳の給付に該当すれば，手続きなどを助言し，障害児支援施設（入所施設の場合・通園施設や一時利用は除く）の利用が必要な場合は「施設受給者証」を交付します。これらの給付・交付により，関連する福祉サービスを受ける権利が発生するということです。

3　連携の留意点

　児童相談所は児童福祉法の後盾を持った強い権限を持つ行政機関であるとともに，長年子どもに関する相談に応じてきた相談機関です。児童福祉施設への入所措置や一時保護，療育手帳の給付判定など，児童相談所でなければできない業務があるので，その職務内容をよく知って活動することが有効です。ただし，すべての問題を児童相談所が担うことは不可能です。近年の児童相談所が扱ったケースの処遇結果はほとんどは「継続指導」です。つまりはいくつかのリスクを抱えている可能性のある家族に対して「身近な支援者」が在宅での支援を長期にわたって行なう必要があります。市区町村の家庭児童相談室の役割も考慮に入れながら，保育所等が児童相談所との連携で押さえておくべきポイントをいくつか紹介します。

・相談対象の子どもを児童相談所に紹介した場合は，必ず保育所からも児童相談所に連絡を入れるようにすると後の連携がしやすくなります。なお，児童相談所へ相談したくても，家族の拒否がある場合は，どのようにすればよいかについて児童相談所と協議することもできます。
・療育手帳の給付該当となる子どももいるのでスムーズな支援提供を保障するにも，集団生活での子どもの状態あるいは保護者の困り感などを把握・整理し，家庭児童相談室や市町村の担当窓口，児童相談所と連携することも必要です。
・多くの保護者にとって，支援の過程で出会う人や場所のほとんどは「初めての人」であり「初めての場所」です。そのようななか，支援者側の思いや予想に反して，保護者は初めての人や場所に対して特有の価値づけを行なうことがあります（この人は優しい，面倒な人，嫌いな場所，安心する場所など）。スムーズかつ一貫した支援を提供するために，保護者が抱い

ているかもしれない気持ちや感情を，支援者間で共通確認しておくことが重要です。
・「こんなことを相談していいのかしら」と思わずに，必要を感じたときには，まず相談することをお勧めします。

5節　小学校との連携

　ちょうど2000年ごろより，学校現場では「学級崩壊」「小1プロブレム」という言葉が流行りだしました。つまり入学したばかりの1年生が小学校にうまく馴染めず不適応を起こしてしまっている事態が社会問題として取り上げられたのです。幼児期の保育と学校教育との間には大きな「壁（あるいはハードル）」があり，これをうまく乗り越えることができるよう，小学校との連携（幼保小連携）が重視されるようになります。

　ことさらに，環境の変化に弱いとされる障害のある子どもや被虐待児の場合は，特段の配慮が求められます。しかし，乳幼児期の間に見つけ，蓄えてきた「その子にあった支援」や「頼りになる支援者・関係者」は，小学校就学を契機として途切れてしまうことも多いです。一貫した指導・支援が求められている昨今，保育所・幼稚園・認定こども園と小学校との間でどのような連携が必要となってくるのかを見ていきます。

1　障害のある子どもへの連携

　障害のある子どもといっても，知的障害や肢体不自由児などだけでなく，特別支援教育で新たに加わった注意欠如・多動性障害，学習障害などのある子どもなどさまざまです。就学先も「地域の小学校通常学級（通級指導教室の利用あり）」「地域の小学校内の特別支援学級」「特別支援学校」など多様な選択肢があります。こうした障害特性や就学先の多様性を背景として，すべての子どもや家族あるいは保育所・幼稚園と小学校の実情に適した共通の連携方法を紹介することはとてもむずかしいことです。下記のような基本的なポイントを押

さえながら，各ケースや地域の実態に応じた連携が求められます。

● **入学前（おおよそ 4 月～ 12 月ごろ）**

　家族にとって小学校入学は緊張状態の高い出来事であり，どの学校を選択するかということが大きな関心事になります。子どもが第 1 子の場合はなおさらです。

　地元の小学校に行くのか，それも通常学級か特別支援学級か，また特別支援学校に行くことも選択肢に入ってくる子どももいます。保護者のなかには年長になる前の 4 歳児年中あるいは 3 歳児年少のころより悩んでいる方も少なくありません。年長の夏休みごろには小学校や特別支援学校の見学に行く方もいますし，この段階で小学校側が「どのような子どもがいますか（来るかもしれませんか）」と，保育所等を訪問することもあります。子どもに関する情報を早めに小学校側に伝えておくということも重要ではありますが，就学先の決定に悩む保護者の「代弁者」として小学校と連携を行なうことで，保護者の心的負担を減らせる可能性もあります。

● **入学前（おおよそ 1 ～ 2 月ごろ）**

　このころは小学校との間で連携会・情報交換会が開催されることを想定して，保育所等の生活で積み上げてきた子どもの成長とその支えとなった支援を整理することが重要です。既存の「保育要録」なども，その子のことを知る需要な情報媒体物ですが，小学校側が新生活適応への糸口を見出すためには，少し情報量が限られています。また学校区内外を問わず，複数の小学校にクラスの子どもたちがバラバラに就学することが想定されることから，すべてのケースで，連携会を開催することがむずかしい場合もあります。こうした制約があっても最低限の情報提供・情報交換ができるよう，昨今多くの自治体が「就学支援シート」を作成することを推奨しています（図 6 − 4）。

　自治体によって書式や作り方あるいは名前に若干の違いもありますが，保護者とともに話し合いながら成長をふり返ることで，「本当にその子に必要な支援とは何だったのか」「最低限，小学校に伝えなければいけないことは何なのか」というものが見えやすくなってきます。

　就学支援シートに記載されることの多い主な内容は下記のとおりです。

　・基本的なプロフィール（氏名や生年月日，障害種やおおまかなニーズの内

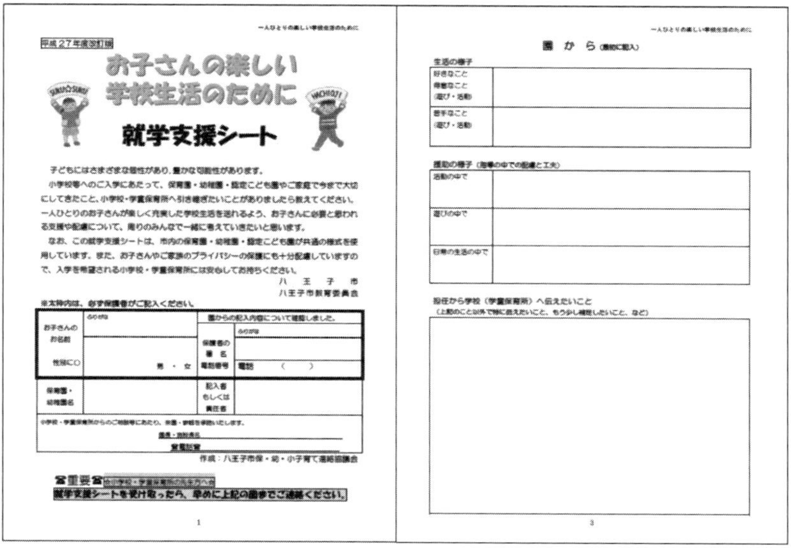

一人ひとりの楽しい学校生活のために

平成27年度改訂版

お子さんの楽しい学校生活のために

就学支援シート

子どもにはさまざまな個性があり，豊かな可能性があります。

小学校等へのご入学にあたって，保育園・幼稚園・認定こども園やご家庭で今まで大切にしてきたこと，小学校・学童保育所へ引き継ぎたいことがありましたら教えてください。一人ひとりのお子さんが楽しく充実した学校生活を送れるよう，お子さんに必要と思われる支援や配慮について，周りのみんなで一緒に考えていきたいと思います。

なお，この就学支援シートは，市内の保育園・幼稚園・認定こども園が共通の様式を使用しています。また，お子さんやご家族のプライバシーの保護にも十分配慮していますので，入学を希望される小学校・学童保育所には安心してお持ちください。

八　王　子　市
八王子市教育委員会

※太枠内は，必ず保護者がご記入ください。

お子さんのお名前	ふりがな	園からの記入内容について確認しました。	
		保護者の署名	ふりがな
性別に○	男・女	電話番号	電話　（　　）
保育園・幼稚園名		記入者もしくは責任者	

作成：八王子市保・幼・小子育て連絡協議会

就学支援シートを受け取ったら，早めに上記の番号でご連絡ください。

1

一人ひとりの楽しい学校生活のために

園から（園が記入）

生活の様子

好きなこと 得意なこと （遊び・活動）	
苦手なこと （遊び・活動）	

援助の様子（指導の中での配慮と工夫）

活動の中で	
遊びの中で	
日常の生活の中で	

担任から学校（学童保育所）へ伝えたいこと
（上記のこと以外で特に伝えたいこと，もう少し補足したいこと，など）

3

図6－4　就学支援シートの一部（東京都八王子市教育委員会作成）

容，かかわっている／きた支援機関）

・健康面で気になること，配慮
・好きなことと嫌いなこと
・各生活場面のようす（生活，身支度／自由遊び／設定遊び／食事など）や，そこで行なってきた特徴的な支援の内容
・友だちとのやりとりのようすや，特徴的な支援の内容
・保護者の思いや願い（園が記入／保護者が記入）

●入学直前・直後（おおよそ3月または4月ごろ）

連携会については「開催されない」「就学する子ども全員を対象に開催」「配慮が必要な子どもに対象を限定して開催」の3つの可能性があります。障害の程度が重いお子さんの場合で特別支援学級や特別支援学校へ就学する場合には，複数回開催される場合もあるかもしれませんが，多くの場合，卒園前の3月から入学前後の4月にかけて1回（約1時間ほど）の開催が多いようです（西尾ら，2009）。いずれにしても，限られた連携会の機会を最大限活かすために，就学支援シート等をうまく利用することが必要です。

なお保護者が同席する場合としない場合があります。同席する場合にはやはり代弁者としての役割を保育側が担うことが必要でしょう。あるいはむずかしいことや不安なことだけでなく、新しい小学校生活での「楽しみ」という側面を引き出して小学校側と共有しておくことも、保護者－小学校の関係を作っていく際には重要なことかもしれません。保護者が不在の場合には、小学校側は「保護者は一体どのような人なのか」ということを比較的気にしています。やはり就学後の保護者－教員の関係性に配慮を配り、保護者の思いや考えていること、「これはやってはいけない／言ってはいけない」ということを、子どもに関する情報とともに共通理解しておくことが大切です。

● **入学後（おおよそ5月以降）**

保育所・幼稚園・認定こども園は、子どもが小学校に入学したらそれで終了というわけではありません。保護者のなかには「保育所ではお部屋（保育室）に入れたり先生とも何でも話せたのに、小学校に入ったら子どもがちゃんとしゃべってくれないと小学校の様子がわからなくて…」と、残念ながら、小学校との関係に物足りなさを感じる方がいます。障害のある子どもで言葉がない子どもの保護者はなおさらです。この時期にも連携会等が開催できた場合には、保護者－子ども－新しい担任の3者のそれぞれの関係性がどのような状態なのかを丁寧にフォローをすることで、きちんとした橋渡しが可能となります。

2　虐待を受けた子どもへの連携

虐待を受けた子どもの場合、小学校就学を契機としてそれまで保健所の保健師や保育士が担っていた、ケアやエンパワメントの発想に基づく福祉的支援が断絶してしまう問題が指摘されています（峯本, 2007）。これにより、多様な支援機関のもと、なんとかバランスを保ってきた乳幼児期の生活が、拠り所をなくし崩壊してしまう危険性が生じます。特段、学童期には子どもが潜在的に持っている行動面・学習面のリスクが顕在化しやすく、なかには二次障害という形で出始めます。こうした点を含めても、いかに小学校就学を乗り切るか、あるいは乳幼児期から学童期のライフステージの転換をうまく乗り越えるかが、その後の円滑な学童期・青年期突入に向けても非常に重要になってきます。以下、求められる支援のポイントを記します。

5節　小学校との連携

● **入学前**

　要保護児童対策地域協議会など地域のネットワーク会議の構成メンバーとして，地域の小学校の教師が参加している場合はその場で子どもの理解をしてもらいます。ネットワーク会議に小学校が出席していない場合は，担当窓口に出席を要請してくれるように依頼するとよいでしょう。

　就学する小学校が決まったところで，事前に何回か小規模の関係者による臨時ネットワーク会議を開催し，入学に向けた支援体制，支援方法などを具体的に協議し，動き出せると連携がスムーズにいきます。学校の主たる担当教諭を確認し，必要に応じて直接連携を取れるように話し合っておくことも大切です。

● **入学時**

　ネットワーク会議で協議されている場合は，学校との連携，移行について話し合い，入学と同時にスムーズに動けるようにしておきます。あわせて学校全体で支援が必要な場合は，学校を会場にして，学校内部でかかわる人を交え，これまでの経過や今後の見通し，援助方法などについて協議することもできます。

● **入学後**

　在宅見守りとなっている場合は，見守る主体が保育所から小学校に移行していきます（図6-5）。そこで保育所・幼稚園の役割が変わっていきますが，こ

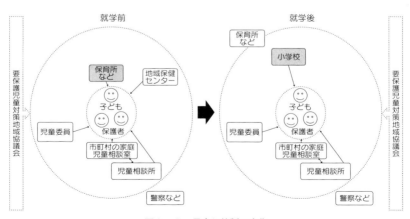

図6-5　見守り体制の変化

れまでの支援過程を継続し，より適切にしていくためにはいきなり小学校のみがその役割を担うことはできません。

　特に保護者との関係については保育所・幼稚園の相談機能が役に立っていく場合があります。しっかり移行するまでは，立場は変わりますが支援体制を継続することが望まれます。以後も要保護児童対策地域協議会の効果的な開催が必要であり，そこに参加することで側面からの協力ができます。

3　連携の留意点

　小学校はこれまで学校のなかのことについては積極的に指導してきていますが，家庭内の問題にかかわることは少なかったと思われます。プライバシーのことがあり，家族状況や現状を十分把握しにくい場合もあります。また個人情報の保護や守秘義務，人権擁護の立場などを十分配慮しながら学校や教育委員会と家族がより適切に相談関係が築けるように支援をすることが大切になります。

　日常的に学校との連携がとれる体制づくりや日々の活動が重要になります。そのなかで保育所・幼稚園も地域の学校がどのような状態になっているか，どのような仕組みで学校運営がなされているかを知ることができ，家族に伝え，共に考えることができます。

　このようにして，子どもがスムーズに学校生活を送ることができるように保育所・幼稚園にいる間に準備することもできるのです。地域のなかで，教育，福祉，医療の関係機関の研修を含めたネットワーク会議を定期的に持ち，積極的に参加し有機的な内容にする努力が必要です。

よりよい連携のために

1　連携のための体制づくり

（1）　保育所・幼稚園・認定こども園のなかの連携

　「はじめに」のところで述べたように，昨今1つの家族が抱えている問題は1つではありません。多様なリスクを抱えながら保護者は子育てを行なっており，必然的にその身近にいる保育者も，個々の家族が抱えているかもしれない多様なニーズを探り，家族の視点から対応していかなければいけません。しかしそうした対応は「1つの支援機関だけで背負い込むのはむずかしい」と指摘したのと同じように，1人の支援者が背負って解決できるものではありません。自分のクラスの問題はすべて自分1人で対応するという「一国一城」的な考えではなく，周囲の同僚や管理職等との関係の下，問題をさまざまな角度から見ていく必要があるでしょう。

　こうしたことを保障するために，日々の保育実践のなかにある保育カンファレンスや職員会議等が重要になってくるのは言うまでもありません。管理職を中心にその園の実態にあったカンファレンス運営のあり方を探ることが求められます。またはそうしたフォーマルな場のみが問題解決の舞台になるのではなく，日常の何気ない職員どうしの会話のなかにも，問題解決の糸口や機会が埋め込まれていることに気づくことも重要です。

（2）　保育所・幼稚園・認定こども園と地域との連携

　問題によっては保育所・幼稚園・認定こども園のなかだけでは解決できないこと，解決しないほうがよいことが多くあります。特に在宅を前提として家族の抱える慢性的な問題を支えようとする場合，その問題は時間の経過に応じて可変的で，みる人によって複数の解釈が可能なものもあります。刻一刻と判断基準が変化するような慢性的な問題に対しては，地域のネットワーク会議，要保護児童対策地域協議会や児童相談所（家庭児童相談室），専門家による定期的巡回相談など複数の支援者が交流し議論できるような場を活用することが重

要です。

　この際，配慮すべき事項を3つ指摘します。第1に，保育者がアクセスできる地域資源を把握するということです。可能であれば地域が有しているサービスの内容，質，量，担当者の個性等も含めた情報のリストを作成することも，実現可能な支援を検討するうえで有効でしょう。第2に，そうした周囲の地域資源の評価は，保護者にとっては「相対的」なものであるということです。つまり，支援者側が「よい」と思っている支援機関も，保護者にとってはそうではない可能性があるということです。第3に，専門家依存は防がなければならないということです。たとえば，障害児の保育に関して専門家が助言を行なう巡回相談事業では，自らが持っている情報よりも，年に1回2時間しか来ない相談員の助言を鵜呑みにして，子どもや家族に合わない対応を取ってしまうことが頻繁に起きています。

　「保育・幼児教育」とは違う他の専門性を持つ人との連携の仲で支援を行なうにあたっては，こうした点を考慮に入れながら，問題解決の単純化や硬直化を防ぐことが重要です。

2　連携のための記録

　連携のための記録は，重要な役割を持ちます。特に個別の問題を各機関で対応する際，支援のPDCAサイクル上，以下のような意義があります。
- 子どもや家族の権利を守るために必要な基本的な情報，子どもや家族を支える内容を把握できる。
- よりよい援助を継続的に行なうために，援助の内容や過程を把握し評価することができる。
- 情報を正確に共有できる。
- 援助経過を記録することで，各機関の援助を再確認することができる。
- 支援のふり返りのために，協議検討したり調査したりする資料として活用できる。

3　連携のためのカンファレンス

　支援や援助を行なっているときは，とかく一方を向いて走ってしまうことが

多いものです。定期的に集まれる場合も，一時的にネットワークを組んでいる場合も，途中に必ずカンファレンスを入れながら立ち止まって検討することが大切です。

さらに，定期的にさまざまな課題を検討する習慣をつけておくことで，課題を考える視点ができ，それが問題点の発見につながり，かかわる人たちの支援力が高まります。ケース担当者（事例提供者）のふり返りができる場にするために，カンファレンスは単なる発表ではなく，自由な会話ができる雰囲気づくりが必要です。

- 参加者は，ケース担当者の困っていること，検討したいことに耳を傾けます。ケース担当者を援助する立場で，否定や非難をしないで聞き，相互の理解が深まるようにします。
- 処遇の白黒を決めるところではなく，「いかに相互に理解し合い協力関係をつくりだしていくか」を体験することが家族の支援につながります。
- 参加者は，方法論を押し付けるのではなく，ケース担当者の話を聞いて感じたことを伝え，考えを述べます。
- ケース担当者は，参加者の感じたことを受け取り，考えや意見に耳を傾け，参加者から得たものをカンファレンスの場に返していきます。
- 相手を無視した方法論を述べ合うのではなく，ケース担当者が一歩進むことができるように援助し合うことが大切です。
- 同じ職場のなかで，少し時間をとって先輩後輩かかわらずに忌憚のない意見や感想を言いあえる日常のカンファレンスも大切です。

4　連携の留意点

よりよい連携のための留意点について，本章をふり返りながら，以下にまとめます。

- 子どもと家族を支援するという視点をはずさないこと。
- 家族の持っている強みや弱み（リスク）はその家族に特有のものであるという前提に立ち，支援者側が当事者側に歩み寄ろうとする。
- 連携のあり方は，家族の抱える問題をどのように捉えるか，どのように支えるかという認識のもと可変的である。

- 否定的側面よりも肯定的側面をより多く引き出し，弱みを減らし強みを増やす（活かす）という発想から支援を組み立てる。
- 相手の機関を非難せず，それぞれの実情を認知できる機会をつくってお互いが理解し合えるようにする。
- 支援にかかわる者どうしで，問題の共通理解を図るとともに，それぞれが具体的な役割を持てるように協議する。
- 支援者も孤立しないように心掛ける。
- 日常的な交流ができる地域づくりをし，いつも連絡がとれる体制を整え，担当者の人となりもわかるような交流を目指す
- 持っている情報を公開することができる場にあっては，合わせて，守秘義務を守る。

文 献

● 第1章

東京発達相談研究会・浜谷直人（編著）　2002　保育を支援する発達臨床コンサルテーション　ミネルヴァ書房

日本教育カウンセラー協会（編）　2001　ピアヘルパーハンドブック　図書文化

文部科学省　2004　保育カウンセラーの専門性　http://www.mext.go.jp/b_menu/shingi/chukyo/chukyo3/008/siryo/04060101/006.pdf

横井一之・吉弘淳一（編著）　浦崎　武・安田誠人・岩田昌子・土永典明・上續宏道・堀建張治・新川泰弘・橋本景子・倉橋　弘・山口桂子（共著）　2004　保育ソーシャルカウンセリング　建帛社

〈参考文献〉

小林育子・小舘静枝（編）日高洋子・小林育子・小舘静枝・保々敬子・長島和代（共著）　1999　保育者のための相談・援助技術　萌文書林

● 第2章

國分康孝　1979　カウンセリングの技法　誠信書房

國分康孝　1983　カウンセリング教授法　誠信書房

諏訪茂樹　1995　援助者のためのコミュニケーションと人間関係　建帛社

日本教育カウンセラー協会（編）　2001　ピアヘルパーハンドブック　図書文化

Friedman, M., & Rosenman, R. H.　1974　*Type A behavior*. New York: Knopf.

Hall, E. D.　1969　*The Hidden Dimension*. New York: Anchor Books．日高敏隆・佐藤信行（訳）　1970　かくれた次元　みすず書房

〈参考文献〉

石井信子・杉原康子・藤井裕子・森　和子　2006　乳幼児発達臨床の基礎—子どもの育ちを支える保育カウンセリング　ふくろう出版

柏木恵子・藤永　保（監修）藤崎眞知代・本郷一夫・金田利子・無藤　隆（編著）　2002　育児・保育現場での発達とその支援　ミネルヴァ書房

小林育子・小舘静枝（編）日高洋子・小林育子・小舘静枝・保々敬子・長島和代（共著）　1999　保育者のための相談・援助技術　萌文書林

次良丸睦子・五十嵐一枝・加藤千佐子・高橋君江　2000　子どもの発達と保育カウンセリング　金子書房

村井憲男・村上由則・足立智昭（編著）　2001　気になる子どもの保育と育児　福村出版

● 第3章

石隈利紀　1999　学校心理学—教師・スクールカウンセラー・保護者のチームによる心理教育的援

文　献

　　　助サービス　誠信書房
金子栄子（編著）　2006　子どもの発達理解とカウンセリング　樹村房
黒澤礼子・田上不二夫　2005　母親の虐待的育児態度に影響する要因の検討　カウンセリング研究，**38**，89-97.
Symonds, P. M.　1939　*The Psychology of Parent-Child Relationships.* New York: Appleton Century.
桜井茂雄　2004　アセスメント　教育カウンセラー標準テキスト　日本教育カウンセラー協会（編）　図書文化　Pp.14-23.
鈴木眞雄・松田　惺・永田忠夫・植村勝彦　1985　子どものパーソナリティ発達に影響を及ぼす養育態度・家庭環境・社会的ストレスに関する測定尺度構成　愛知県立大学研究報告，**34**，139-152.
高野清純（監修）　川島一夫（編）　1991　図でよむ心理学〈発達〉　福村出版
冨田ひさえ　2001　子どもはせんせい　北大路書房
冨田久枝・田上不二夫　1999　幼稚園教員の援助スキル変容に及ぼすビデオ自己評価の効果　教育心理学研究，**47**，97-106.
日本教育カウンセラー協会（編）　2001　ピアヘルパーハンドブック　図書文化

〈参考文献〉
冨田久枝　2001　テーマ保育における教育効果の検証―預かり保育の実践から　日本保育学会第54回大会発表論文集，98-99.
中澤　潤・大野木裕明・南　博文（編）　1997　心理学マニュアル　観察法　北大路書房　Pp.1-12.
永田忠夫・松田　惺・鈴木眞雄・植村勝彦　1984　養育態度に関与するデモグラフィー――家庭環境・社会ストレス要因の分析　愛知県立看護短期大学雑誌，**16**，45-56.

● 第4章

厚生労働省（編）　2013　子ども虐待対応の手引き（改正版）
小林育子・小林久利　1999　保育所の「子育て相談」　萌文書林
内閣府男女共同参画局　2015a　配偶者からの暴力の防止及び被害者の保護等に関する法律の概要
内閣府男女共同参画局（編）　2015b　配偶者からの暴力被害者支援情報
日本教育カウンセラー協会（編）　2001　ピアヘルパーハンドブック　図書文化
原　千枝子　2006　第1章　親であること子であること　村瀬嘉代子（監修）伊藤直文（編）家族の変容とこころ　新曜社　p.926.
吉永陽一郎　2001　育児不安　別冊〈発達24〉乳幼児精神保健の新しい風　ミネルヴァ書房　Pp.133-141.

〈参考文献〉
柏木恵子・大野祥子・平山順子　2006　家族心理学への招待　ミネルヴァ書房
厚生労働省　2008　保育所保育指針
斎藤　学　2000　児童虐待　第2章　被虐待児の情緒と行動　金剛出版
次良丸睦子・五十嵐一枝・加藤千佐子・高橋君江　2005　子どもの発達と保育カウンセリング　金子書房
DV問題研究会（編）　2004　Q&A　DVハンドブック　ぎょうせい
日本DV防止・情報センター（編著）　2004　知っていますか？ドメスティック・バイオレンス一問一答　第3版　解放出版社
保育士養成講座編纂委員会（編）　2006　改訂・家族援助論　全国社会福祉協議会
保育士養成講座編纂委員会（編）　2006　養護原理　全国社会福祉協議会
丸山浩一　2009　児童虐待相談のケース分析等に関する調査研究　財団法人こども未来財団
保育・学校現場での虐待対応研究会（編）　2013　保育所・教員に役立つ子ども虐待対応実践ガイド　東洋館出版社

● 第 5 章

氏原 寛・東山紘久（編著） 1995 幼児保育とカウンセリングマインド ミネルヴァ書房
坂越孝治・竹田契一・田中祐美子 1987 保育者のコミュニケーションセンシティビティの向上に関する実践的研究Ⅰ―INREAL（インリアル）適用の意義について 日本保育学会第40回大会発表論文集，718-719.
田中美保子・桝田正子・吉岡晶子・伊集院理子・上坂元絵里・高橋陽子・尾形節子・田中都慈子 1996 保育カンファレンスの検討―第1部現場の立場から考える 保育学研究, 1, 29-42.
冨田久枝・田上不二夫 1998 幼稚園教員の援助スキル変容に及ぼすビデオ自己評価の効果 日本教育心理学会第40回大会発表論文集，376.
冨田久枝・田上不二夫 1999 幼稚園教員の援助スキル変容に及ぼすビデオ自己評価法の効果 教育心理学研究, 47, 97-106.
日本教育カウンセラー協会（編） 2001 ピアヘルパーハンドブック 図書文化
平山園子 1995 保育カンファレンスの有効性 保育研究, 16, 18-19.
森上史朗 1995 保育実践研究の基盤を考える 発達63 ミネルヴァ書房

〈参考文献〉
厚生労働省 2008 保育所保育指針
國分康孝 1981 エンカウンター 誠信書房
國分康孝・片野智治 2001 構成的グループ・エンカウンターの原理と進め方 誠信書房
國分康孝・國分久子（編） 2004 構成的グループ・エンカウンター事典 図書文化
女性労働協会 2006 緊急サポートネットワーク事業との連携をめざして（平成17年度ファミリーサポートセンター活動状況調査結果報告書）
新沢としひこ（作）・大和田美鈴（絵） 2006 はじめまして すずき出版
竹田契一・里見恵子 1994 インリアル・アプローチ―子どもとの豊かなコミュニケーションを築く 日本文化科学社
冨田久枝・田上不二夫 1996 幼稚園教員研修の実態と援助スキル訓練の重要性 日本カウンセリング学会第29回大会発表論文集，124.
冨田久枝・田上不二夫 1996 幼稚園教員の援助スキル変容に及ぼすビデオ自己評価の効果 日本教育心理学会第33回大会発表論文集，538.
内閣府 2014 幼保連携型認定こども園教育・保育要領
日本教育カウンセラー協会（編） 2001 ピアヘルパーハンドブック 図書文化
平山許江 1987 保育方略を指標にした幼稚園教諭の行動分析に関する研究 その1 日本保育学会第40回大会発表論文集，660-661.
文部科学省 2008 幼稚園教育要領
安江リエ（文）・降矢奈々（絵） 2003 ねえどっちがすき 福音館書店
八巻寛治 2004 構成的グループ・エンカウンターエクササイズ50選 明治図書

● 第 6 章

厚生労働省 2014 平成25年度福祉行政報告例の概要
小林美智子 2007 子どもをケアし親を支援する社会の構築に向けて 小林美智子・松本伊智郎（編） 子ども虐待―介入と支援のはざまで― 明石書店 Pp.25-63.
西尾幸代・大崎忠久・船谷友代 2009 特別な支援を有する移行段階の子どもたちを支える連携のあり方―就学・進学先の新担任から見た情報伝達に関する実態調査から― 福井大学教育実践研究, 34, 127-138.
峯本耕治 2007 介入・支援と連携―子どもの成長と発達を保障するために― 小林美智子・松本伊智郎（編） 子ども虐待―介入と支援のはざまで― 明石書店 Pp.159-213.

文　献

〈参考ウェブサイト〉
厚生労働省　地域子育て支援拠点事業　実施のご案内　http://www.mhlw.go.jp/bunya/kodomo/pdf/gai-do.pdf
厚生労働省　民生委員・児童委員について　http://www.mhlw.go.jp/stf/seisakunitsuite/bunya/hukushi_kaigo/seikatsuhogo/minseiiin/
全国児童家庭支援センター協議会　http://www.zenjikasen.org/
全国民生委員児童委員連合会　http://www2.shakyo.or.jp/zenminjiren/minsei_zidou_summary/
千葉市中央区保健センター　http://www.city.chiba.jp/chuo/hokenfukushi/kenko/index.html

さくいん

●あ
アスペルガー症候群　100
アセスメント　5, 48, 70

●い
石隈利紀　57
イラショナルビリーフ　57
医療機関　194
インストラクション　130
インターベンション　130
インテーク面接　37
インリアル・アプローチ　70, 167

●う
ウェクスラー式知能検査　66
ウォーミングアップ　130
氏原　寛　149

●え
エクササイズ　130
SGE（構成的グループエンカウンター）
　　127
遠城寺式・乳幼児分析的発達検査　62
援助スキル　150
援助スキルチェック・リスト　152
援助的態度　22

●お
親子関係診断テスト　68

●か
解釈の技法　33
カウンセラー　7
カウンセリング　4, 6, 9

カウンセリングのプロセス　36
カウンセリングマインド　4, 149
家族間暴力　120
家庭児童相談室　196
観察法　59
かんしゃく　80
カンファレンス　208

●き
虐待的育児態度　70
共感　4, 19
共感の技法　29
きょうだい　54
共同注意（ジョイント・アテンション）
　　6
距離　22
緊急保育対策等5ヵ年計画　91

●く
具申　42
クライエント　8
くり返しの技法　31
黒澤礼子　70

●け
傾聴　178
KIDS乳幼児発達スケール　73
K-ABC心理・教育アセスメントバッテリー　67
ケース会議　37
ケースワーク　42, 95
言語的技法　29

215

さくいん

●こ
構成的グループエンカウンター（SGE）
　　127
行動観察　59
コーヒーカップ方式　36
國分久子　127
國分康孝　9, 18, 127
子育てアドバイザー　176, 177
子育て支援センター　91, 188
子育て相談　90
子育てネットワーク　177
5W1H　39
こだわり　82
語調　25
言葉　80
子ども観　52
子どもの虐待　113
小林育子　92
小林久利　92
個別カウンセリング　43, 95
5領域　50
コンサルテーション　6, 10, 42, 95

●さ
サイコエジュケーション　162
サイモンズ（Symonds, P.M.）　68
桜井茂雄　56

●し
CAT（Children's Apperception Test）　68
シェアリング　130
ジェスチャー　26
ジェネリック　129
資源　107
自己肯定感　131
支持の技法　33
姿勢　26
視線　24
自然観察法　59
質問の技法　35

児童委員　188
児童家庭支援センター　189
児童虐待の通報　199
児童虐待の防止等に関する法律（虐待防止法）　112
児童相談所　195
児童養護施設　112
自閉傾向　96
シモン（Simon, T.）　65
周産期的要因　84
主任児童委員　188
守秘義務　77
受容　4, 19
受容の技法　29
ショートステイ　112
職業・就労状況　53
事例研究（ケースワーク）　6
新版K式発達検査法　62
信頼関係（ラポール）　75, 93
心理的距離　22
心理療法　6, 10

●す
スーパービジョン　6, 11, 42
鈴木眞雄　69
スペシフィック　129
諏訪茂樹　17

●せ
性格検査　68
セラピスト　7

●そ
ソーシャル・ケースワーク　6
育てるカウンセリング　128
祖父母　54

●た
ターマン（Terman, L. M.）　65
対人距離　27

さくいん

タイプ A 行動特性　20
田上不二夫　58, 70, 149
他己紹介　141
他者理解　131
田中美保子　156

●ち
地域協議会　180
知能検査　65
知能指数（IQ）　65
知能偏差値　65
沈黙　28

●て
抵抗　106
適正処遇交互作用（ATI）　5

●と
投影法　68
同居家族　109
特別支援学級　202
特別支援学校　202
閉ざされた質問　35
冨田久枝　58, 149
ドメスティック・バイオレンス（DV）　120
友だち　55
トワイライトステイ　112

●な
ナナメの関係　54

●に
乳幼児健全育成事業　90
乳幼児精神発達診断法　64

●ね
熱意　19
ネットワーク会議　205

●の
脳性麻痺　82

●は
配偶者暴力相談支援センター　122
バウムテスト　68
白紙説　52
発達検査　61
発達支援　79
発達指数（DQ）　64
発達相談　79
発達臨床コンサルテーション　12
パニック　80
浜谷直人　10
反響姿勢　27
半構造化面接　60

●ひ
ピアカウンセラー　178
ピアカウンセリング　176
ピアスーパービジョン　95
ピアヘルパー　176
ピアヘルピング　10
P-F スタディ　68
東山紘久　149
非言語的技法　23
ビデオ自己評価法　149
ビデオ保育カンファレンス　156, 157, 162
一人親家庭　109
ビネー（Binet, A.）　65
ビネー式知能検査　65
表情　23
開かれた質問　35
平山園子　156

●ふ
ファミリーサポート事業　178
ファミリーサポートセンター　112, 178
不器用　82

さくいん

婦人相談所（女性センター） 122
物的環境（物的資源） 55
父母の再婚 109
父母の離婚 109
フリードマン（Friedman, M.） 20
プレイセラピー（遊技療法） 4
文化的孤島 129
文章完成テスト（SCT） 68
分離不安 82

●へ
ベラック（Bellak, L.） 68

●ほ
保育カウンセラー 8
保育カウンセラー制度 12
保育技術専門講座資料 149
保育者研修 162
保育ソーシャルカウンセリング 11
保健師 191
保健所 191
保健福祉センター 191
保護者研修 170
母子健康手帳 51
保証の技法 34

●ま
間 20

●み
民生委員 187

●む
無防衛 18

●め
明確化の技法 32
面接法 60

●も
問題の解決 41, 94
問題の把握 39, 93

●ゆ
遊戯（プレイ） 70

●よ
養育態度尺度 69
養護相談 199
要保護児童対策地域協議会 120, 183
要約の技法 31
横井一之 11
吉永陽一郎 84

●ら
ラポール 32, 37, 60

●り
リファー 42, 94
リレーション 38, 93

●れ
レディネス（準備状態） 101

●ろ
ローゼンマン（Rosenman, R.H.） 20
ロールシャッハ（Rorschach, H.） 68
ロールシャッハ・テスト 68
ロールプレイ（役割演技） 178

● 執筆者一覧

杉原一昭		第1章1節
冨田久枝	（千葉大学教育学部）	第1章2節，第3章，第4章2節，第5章2節，3節3
白川佳子	（共立女子大学家政学部）	第2章
野田(宇野)知子	（元東京都立墨東病院）	第4章1節
片倉昭子	（社会福祉法人子どもの虐待防止センター）	第4章3節
鈴木裕子	（青森教育カウンセラー協会）	第5章1節
菅原幸子	（ベネッセ逸見保育園）	第5章3節1(1)
宮崎智恵子	（元ベネッセチャイルドケアセンター東急青葉台）	第5章3節1(2)
伊賀上知子	（ベネッセスタイルケアこども・子育て支援カンパニー）	第5章3節2
真鍋　健	（千葉大学教育学部）	第6章1節，4節，5節，6節
細川かおり	（千葉大学教育学部）	第6章2節，3節

● 編者紹介

冨田久枝（とみた　ひさえ）
千葉県生まれ　市川市在住
主な学歴　和泉女子短期大学児童福祉学科卒業，日本女子大学家政学部児童学科卒業，筑波大学大学院教育研究科カウンセリング専攻カウンセリングコース修了
　　　　　筑波大学大学院心理学研究科博士課程研究生
主な職歴　20余年にわたり幼稚園教諭として勤務。グリーク幼稚園教諭，市川市立百合台幼稚園教諭，築葉根幼稚園教頭を経て，カウンセリングおよび保育内容の指導者として浦和学院専門学校看護学科講師，東邦医療短期大学講師，産業能率大学・短期大学講師，山村学園短期大学助教授等で専門学生，大学生の教育に携わる。その後，鎌倉女子大学児童学部児童学科，鎌倉女子大学大学院において保育者育成と心理学関連科目の指導を行ない，現在は千葉大学教育学部にて幼稚園教員養成課程で教員養成に携わっている。心理学（博士）。
＜主著＞
幼児期・児童期の問題と治療的カウンセリングの実際（共著）　明治図書出版　1996年
現代カウンセリング事典（共著）　金子書房　2001年
子どもはせんせい　北大路書房　2001年
事例でみる発達と臨床（共著）　北大路書房　2001年
教育心理学：保育者をめざす人へ（共著）　樹村房　2004年
発達臨床教育相談マニュアル（共著）　川島書店　2006年

杉原一昭（すぎはら　かずあき）
1937年，福島県生まれ
1966年，東京教育大学大学院教育学研究科博士課程単位取得修了。横浜国立大学教育学部講師・助教授，筑波大学心理学系助教授・教授，東京成徳大学大学院教授を歴任。筑波大学名誉教授。教育学博士。2008年逝去。
＜主著＞
論理的思考の発達過程　田研出版　1989年
今，子どもが壊されている　立風書房　1990年
現代しつけ考　日本経済新聞社　2000年
発達臨床心理学の最前線（編著）　教育出版　2001年
事例でみる発達と臨床（編著）　北大路書房　2001年
発達臨床教育相談マニュアル（編）　川島書店　2006年

改訂新版　保育カウンセリングへの招待

2016 年 4 月 20 日　初版第 1 刷発行	定価はカバーに表示
2021 年 6 月 20 日　初版第 3 刷発行	してあります。

編　著　者　　冨　田　久　枝
　　　　　　　杉　原　一　昭
発　行　所　　㈱北大路書房
〒603-8303　京都市北区紫野十二坊町 12-8
電　話　(075) 431-0361 ㈹
F A X　(075) 431-9393
振　替　01050-4-2083

Ⓒ 2016　　印刷・製本／亜細亜印刷㈱
　　　　　　検印省略　落丁・乱丁本はお取り替えいたします。
　　　　　ISBN978-4-7628-2924-6　　Printed in Japan

・ JCOPY 〈㈳出版者著作権管理機構　委託出版物〉
本書の無断複写は著作権法上での例外を除き禁じられています。
複写される場合は，そのつど事前に，㈳出版者著作権管理機構
(電話 03-5244-5088,FAX 03-5244-5089,e-mail: info@jcopy.or.jp)
の許諾を得てください。